ΕΥΚΟΛΗ ΣΠΙΤΙΚΗ ΜΠΥΡΑ

100 απίστευτες συνταγές για τη δημιουργία μοναδικών και ακαταμάχητων μπύρων

Στεριανή Βογιατζή

Αποποίηση ευθυνών

Οι πληροφορίες που περιέχονται ι προορίζονται να χρησιμεύσουν ως μια περιεκτική συλλογή στρατηγικών για τις οποίες ο συγγραφέας αυτού του eBook έχει κάνει έρευνα. Οι περιλήψεις, οι στρατηγικές, οι συμβουλές και τα κόλπα αποτελούν μόνο σύσταση από τον συγγραφέα και η ανάγνωση αυτού του eBook δεν εγγυάται ότι τα αποτελέσματα κάποιου θα αντικατοπτρίζουν ακριβώς τα αποτελέσματα του συγγραφέα. Ο συγγραφέας του eBook έχει καταβάλει κάθε εύλογη προσπάθεια για να παρέχει τρέχουσες και ακριβείς πληροφορίες στους αναγνώστες του eBook. Ο συγγραφέας και οι συνεργάτες του δεν θα θεωρηθούν υπεύθυνοι για τυχόν ακούσιο λάθος ή παραλείψεις που ενδέχεται να εντοπιστούν. Το υλικό στο eBook μπορεί να περιλαμβάνει πληροφορίες από τρίτα μέρη. Τα υλικά τρίτων αποτελούνται από απόψεις που εκφράζονται από τους ιδιοκτήτες τους. Ως εκ τούτου, ο συγγραφέας του eBook δεν αναλαμβάνει καμία ευθύνη ή ευθύνη για οποιοδήποτε υλικό ή απόψεις τρίτων. Είτε λόγω της προόδου του Διαδικτύου είτε λόγω των απρόβλεπτων αλλαγών στην πολιτική της εταιρείας και τις κατευθυντήριες γραμμές υποβολής σύνταξης, ό,τι αναφέρεται ως γεγονός τη στιγμή της σύνταξης αυτού του κειμένου μπορεί να καταστεί παρωχημένο ή ανεφάρμοστο αργότερα.

Sommario

ΕΙΣΑΓΩΓΗ

Οι μπύρες με τη γλυκιά, τοστική, βυνώδη ή ξηρή γεύση τους μπορούν να προσθέσουν βάθος στα πιάτα από το πρωινό μέχρι τα σνακ, τα επιδόρπια και τα κύρια πιάτα . . Και μην ανησυχείτε μήπως μεθύσετε - σχεδόν όλο το αλκοόλ εξατμίζεται κατά τη διάρκεια της διαδικασίας μαγειρέματος. Αυτά τα πιάτα θα κάνουν τους καλεσμένους σας να αναρωτηθούν ποιο είναι το μυστικό συστατικό (και να επιστρέψουν για περισσότερα!).

Διαφορετικές μπύρες συνδυάζονται καλά με διαφορετικά φαγητά, επομένως είναι σημαντικό να μάθετε τις γευστικές διαφορές πριν βγείτε στην κουζίνα. Η μπύρα μπορεί να χωριστεί σε δύο κύριες ομάδες: μπίρες και λάγκερ. Η Ale, η αυθεντική μπύρα, παρασκευάζεται με τρόπο που έχει σαν αποτέλεσμα φρουτώδεις, γήινες γεύσεις . Τα Lager χρησιμοποιούν πιο σύγχρονα συστήματα ζυθοποιίας για να είναι πιο ελαφριά και στεγνά. Κάθε είδος μπύρας έχει μια ευδιάκριτα διαφορετική γεύση που συνδυάζεται καλά με ορισμένα τρόφιμα. Παρακάτω, θα βρείτε μια ανάλυση πολλών κοινών τύπων και μερικές συνταγές που χρησιμοποιούν το καθένα.

Μπύρες σίτου

Οι μπύρες σιταριού είναι ανοιχτόχρωμες, συχνά αφιλτράριστες (άρα θολό) και έχουν φρουτώδεις, απαλές, τραγανές γεύσεις , ταιριαστές για σαλάτες και ψάρια.

Pale Ale and Bitter

Η τραγανότητά του κόβει όμορφα τα πλούσια, λιπαρά κρέατα όπως το κυνήγι. Η χλωμή μπύρα είναι πιο δυνατή, με πιο ενισχυμένη ενανθράκωση και ταιριάζει με τα πάντα, από ψωμί και τυρί μέχρι ψάρια και πατατάκια.

Porter

Είναι λιγότερο φρυγανισμένο από το παχύρρευστο και λιγότερο πικρό από το pale ale, και παίρνει ιδιαίτερα καλά τις γεύσεις στα μαγειρευτά.

Stout

Το Stout αναδεικνύει τις γεύσεις σε οτιδήποτε, από οστρακοειδή μέχρι μαγειρευτά. Λόγω των ξεχωριστών νότες καφέ και σοκολάτας, είναι επίσης ιδανικό για ανάμειξη σε πλούσια επιδόρπια.

ΣΠΙΤΙΚΕΣ ΜΠΥΡΕΣ

1. Μπύρα μπανάνας

Απόδοση: 35 ποτήρια

Συστατικό

- 5 ώριμες μπανάνες. πουρές

- 5 Πορτοκάλια? χυμό από
- 5 λεμόνια? χυμό από
- 5 φλιτζάνια Ζαχαρόνερο

Ανακατεύουμε και παγώνουμε. Γεμίστε ένα μεγάλο ποτήρι ⅓ γεμάτο (ή περισσότερο) με κατεψυγμένο μείγμα και προσθέστε 7-Up, Sprite, Ginger ale κ.λπ.

2. Σιταρένια μπύρα Αλκατράζ

Απόδοση: 1 μερίδα

Συστατικό

- 3 λίβρες αποξηραμένο εκχύλισμα σίτου
- 2 λίβρες βύνη σιταριού
- 1 κιλό βύνη κριθαριού
- 1 κιλό αποξηραμένο εκχύλισμα βύνης
- 2½ ουγγιά λυκίσκου Mt. Hood
- Wyeast Μαγιά μπύρας σιταριού

Φτιάξτε ένα ορεκτικό με μαγιά δύο μέρες νωρίτερα. Πολτοποιήστε τα τρία κιλά malt a la Miller. Βράστε για μία ώρα, προσθέτοντας 1-½ ουγγιά λυκίσκου στην αρχή, ½ ουγγιά στα 30 λεπτά και ½ ουγγιά στα 5 λεπτά. Δροσίστε και ρίξτε τη μαγιά.

Ενζυμο. Μπουκάλι. Αστάρωσα τη μισή παρτίδα (5 γαλλ.) με ⅓ φλιτζάνι καλαμποκιού ζάχαρη και την άλλη μισή με ½ φλιτζάνι μέλι τριφυλλιού. Μετά από δύο εβδομάδες, η μπύρα ήταν υπέροχη. Η μπύρα γεμισμένη με μέλι, ωστόσο, ήταν πολύ ανθρακούχο.

3. A & w root μπύρα

Απόδοση: 1 μερίδα

Συστατικό

- $\frac{3}{4}$ φλιτζάνι Ζάχαρη
- $\frac{3}{4}$ φλιτζάνι Ζεστό νερό
- 1 λίτρο κρύο νερό σέλας
- $\frac{1}{2}$ κουταλάκι του γλυκού συμπύκνωμα μπύρας Root
- $\frac{1}{8}$ κουταλάκι του γλυκού συμπύκνωμα μπύρας Root

Διαλύουμε τη ζάχαρη στο ζεστό νερό. Προσθέστε το συμπύκνωμα μπύρας ρίζας και αφήστε το να κρυώσει.

Συνδυάστε το μείγμα της μπύρας ρίζας με το κρύο νερό, πιείτε αμέσως ή φυλάξτε το στο ψυγείο σε καλά καλυμμένο δοχείο.

4. Σκόρδο μπύρα

Απόδοση: 1 μερίδα

Συστατικό

- ½ κιλά εκχύλισμα ωχρής βύνης
- 4 μεγάλοι βολβοί σκόρδο καθαρισμένα και καθαρισμένα
- 1 ουγγιά λυκίσκος βόρειας μπύρας
- London Ale

Ξεχωρίστε και ξεφλουδίστε τις σκελίδες από τέσσερις ολόκληρους βολβούς σκόρδου και τρίψτε ελαφρά την επιφάνεια των σκελίδων σκόρδου για να αυξήσετε την επιφάνεια κατά τη διάρκεια του βρασμού.

Προσθέστε το εκχύλισμα, το μισό σκόρδο και $\frac{1}{2}$ ουγγιά λυκίσκου. Συνολικός βρασμός 60 λεπτών

Μετά το βράσιμο, ψύξτε το μούστο και στραγγίστε το κρύο ζυθογλεύκο σε ένα πρωτεύον 6-$\frac{1}{2}$ γαλόνι. Μετά από τρεις ημέρες έντονης ζύμωσης σε 6$\frac{1}{2}$ γαλόνι

5. Κοινή μπύρα Καλιφόρνια

Απόδοση: 1 μερίδα

Συστατικό

- $3\frac{1}{8}$ κιλά Superbrau Απλό φως
- 3 λίρες Briess Gold DME
- $\frac{1}{2}$ κιλά κρυσταλλική βύνη -- θρυμματισμένη
- $\frac{1}{4}$ κιλά βυνοποιημένο κριθάρι
- 1 $\frac{1}{2}$ ουγγιά λυκίσκος μπύρας βόρειας
- $\frac{1}{2}$ ουγγιά Cascade hops -- τελευταία 5 λεπτά
- 1 πακέτο Wyeast 2112 ή 1 Amsterdam Lager
- 4 ουγγιές Ζάχαρη ασταρώματος

Βάζουμε το βυνοποιημένο κριθαράκι σε λαμαρίνα στους 350 βαθμούς για 10 λεπτά. Αφαιρούμε και θρυμματίζουμε ελαφρά με τον πλάστη. Βάλτε τους θρυμματισμένους κόκκους σε σακούλα μουσελίνας, βάλτε σε 1 γαλάζιο κρύο νερό και αφήστε να πάρει μια βράση. Αφαιρέστε τους κόκκους. Κατεβάστε την κατσαρόλα από τη φωτιά, προσθέστε το σιρόπι και το DME και ανακατέψτε μέχρι να διαλυθεί.

Βάλτε ξανά στη φωτιά και προσθέστε $1\frac{1}{2}$ ουγγιά λυκίσκου βόρειας μπύρας και βράστε για 30-45 λεπτά. Προσθέστε $\frac{1}{2}$ ουγγιά καταρράκτη λυκίσκου για τα τελευταία 5 λεπτά βρασμού. Προσθέστε σε 4 γαλόνια κρύο νερό.

6. Εξάωρη μπύρα ρίζας

Απόδοση: 1 μερίδα

Συστατικό

- 2 φλιτζάνια Ζάχαρη
- 1 κουταλάκι του γλυκού Μαγιά
- 2 κουταλιές της σούπας εκχύλισμα μπύρας ρίζας

Βάλτε τα υλικά σε μια κανάτα γαλονιού με περίπου ένα τέταρτο πολύ ζεστό νερό. Ανακατεύουμε μέχρι να αναμειχθούν καλά τα υλικά.

Ολοκληρώστε το γέμισμα της κανάτας με ζεστό νερό. Αφήστε να σταθεί έξι ώρες (απλώς τοποθετήστε το καπάκι από πάνω, μην βιδώσετε). Στο τέλος των έξι ωρών, βιδώστε το καπάκι και βάλτε το στο ψυγείο.

7. Μπύρα Maerzen

Απόδοση: 54 Μερίδες

Συστατικό

- 4 κιλά Pale malt
- 3 λίβρες Ελαφρύ ξηρό εκχύλισμα
- $\frac{1}{2}$ κιλά κρυσταλλική βύνη (40 λίτρα)
- 2 ουγγιές βύνη σοκολάτας
- $\frac{1}{2}$ κιλά ψημένη βύνη
- $\frac{1}{2}$ κιλά βύνη Μονάχου

- 2 ουγγιές βύνη δεξτρίνης
- $2\frac{1}{2}$ ουγγιά λυκίσκος Tettnanger (4,2 άλφα)
- $\frac{1}{2}$ ουγγιά Cascade hops (5,0 άλφα)
- 3 κουταλάκια του γλυκού γύψος
- μαγιά lager Vierka

Φτιάξτε το ορεκτικό με μαγιά 2 μέρες πριν

Προσθέτουμε 8 ποτήρια βραστό νερό και ζεσταίνουμε στους 154 βαθμούς. Ρυθμίστε για τουλάχιστον 30 λεπτά. Αφήνουμε στους 170 βαθμούς για 5 λεπτά για πολτοποίηση. Πασπαλίστε με 2 γαλόνια νερό. Προσθέστε το ξηρό εκχύλισμα, αφήστε να βράσει. Βράστε 15 λεπτά και προσθέστε μια ουγγιά Tettnanger . Βράζουμε μια ώρα. Προσθέστε 1 ουγγιά Tettnanger στα 30 λεπτά. Προσθέστε $\frac{1}{2}$ ουγγιά Tettnanger και $\frac{1}{2}$ ουγγιά Cascade σε 5 λεπτά. Σούρωσε και κρυώστε.

8. Μπύρα εξοχικής κατοικίας

Απόδοση: 1 μερίδα

Συστατικό

- 1 Ραφήστε καλό πίτουρο σιταριού
- 3 χούφτες λυκίσκου
- 2 λίτρα μελάσα
- 2 κουταλιές της σούπας μαγιά
- 10 γαλόνια Νερό

Βάλτε το πίτουρο και τον λυκίσκο στο νερό και βράστε μέχρι το πίτουρο και ο λυκίσκος να βυθιστούν στον πάτο. Περάστε μέσα από ένα λεπτό πανί σε ένα ψυγείο.

Όταν είναι περίπου χλιαρό προσθέτουμε τη μελάσα. Μόλις διαλυθεί η μελάσα, ρίξτε όλη σε ένα βαρέλι 10 γαλονιών και προσθέστε τη μαγιά.

Όταν τελειώσει η ζύμωση, βουλώστε το βαρέλι και θα είναι έτοιμο σε 4-5 ημέρες.

9. Μπύρα Cranberry

Απόδοση: 1 μερίδα

Συστατικό

- 6 λίβρες Εξαιρετικά ελαφρύ ξηρό εκχύλισμα βύνης
- 1 κιλό βύνη Μονάχου
- 1 ουγγιά Fuggles που βράζει
- 3 σακούλες κατεψυγμένα κράνμπερι
- 1 ουγγιά Fuggles ως φινίρισμα λυκίσκου
- Μαγιά

Ξεπαγώστε τα μούρα και ανακατέψτε με αρκετό νερό για να γίνουν λίγο πάνω από 2 λίτρα λάσπης.

Εν τω μεταξύ, κάντε μια κανονική παρασκευή εκχυλίσματος χρησιμοποιώντας τη βύνη του Μονάχου ως σπεσιαλιτέ.

Στο τέλος της ώρας του βρασμού, βάλτε τον λυκίσκο φινιρίσματος και ρίξτε το υγρό cranberry για τα τελευταία λεπτά ή δύο καθώς σβήνετε τη φωτιά.

Μπουκάλι μετά από μια εβδομάδα

10. Ginger beer cordial

Απόδοση: 1 μερίδα

Συστατικό

- 2 ουγγιές Τζίντζερ ρίζας, ξεφλουδισμένο και ψιλοκομμένο
- 1 κιλό κρυσταλλική ζάχαρη
- $\frac{1}{2}$ ουγγιά Τρυγικό Οξύ
- Χυμό από 1 λεμόνι
- 1 Λεμόνι, κομμένο σε φέτες

Βάλτε το τζίντζερ, τη ζάχαρη, το τρυγικό οξύ και το λεμόνι σε ένα μπολ και καλύψτε με 1 γαλόνι βραστό νερό. Ανακατεύουμε μέχρι να διαλυθεί η ζάχαρη.

Αφήστε για περίπου τρεις ή τέσσερις ημέρες, στη συνέχεια στραγγίστε και ρίξτε το υγρό σε αποστειρωμένα μπουκάλια. Θα είναι έτοιμο και πραγματικά νόστιμο για να το πιείτε μετά από λίγες μόνο μέρες και μπορεί να αραιωθεί αρκετά ευχάριστα είτε με νερό είτε με ανθρακούχο νερό.

11.Ψυγείο μπύρας ντομάτας

Απόδοση: 6 Μερίδες

Συστατικό

- 1 $\frac{1}{2}$ φλιτζάνι χυμό ντομάτας, παγωμένο
- 2 κουτάκια (12 oz το καθένα) μπύρα

Γαρνιτούρα:

- πράσινα κρεμμύδια
- σάλτσα κόκκινης πιπεριάς
- αλατοπίπερο

Αναμείξτε 1$\frac{1}{2}$ φλιτζάνι χυμό ντομάτας, παγωμένη και 2 κουτιά (12 oz το καθένα) μπύρα, παγωμένη. Ρίξτε σε παγωμένα ποτήρια. Σερβίρετε αμέσως με φρέσκα κρεμμυδάκια για αναδευτήρες και, αν θέλετε, με σάλτσα κόκκινης πιπεριάς, αλάτι και πιπέρι.

ΚΟΚΤΕΪΛ ΜΠΥΡΑΣ

12.Μαργαρίτα μπύρας

Απόδοση: 1 μερίδα

Συστατικό

- 6 ουγγιές Μπορεί να παγώσει συμπυκνωμένο Limeade
- Τεκίλα 6 ουγκιών
- 6 ουγγιές μπύρα

Ανακατεύουμε τα υλικά στο μπλέντερ, προσθέτουμε μερικά παγάκια και ανακατεύουμε για λίγο. Αφήστε να σταθεροποιηθεί για λίγα λεπτά.

Ρίξτε το περιεχόμενο πάνω από πάγο σε ποτήρι με αλάτι.

13. Κλασική Χελάδα

Συστατικά

- 12 ουγκιές μεξικάνικη μπύρα lager
- 1 ουγγιά (2 κουταλιές της σούπας) χυμός λάιμ
- 1 πρέζα αλάτι
- Πάγος, για το σερβίρισμα (δοκιμάστε καθαρό πάγο)
- Για το χείλος: 1 κουταλιά της σούπας κάθε λεπτό θαλασσινό αλάτι και Old Bay

Οδηγίες

Σε ένα πιάτο ανακατεύουμε το Old Bay και το αλάτι και το απλώνουμε σε μια ομοιόμορφη στρώση. Κόψτε μια εγκοπή σε μια σφήνα ασβέστη και μετά περάστε το λάιμ γύρω από το χείλος ενός ποτηριού. Βουτήξτε την άκρη του χείλους σε ένα πιάτο αλατιού.

Προσθέστε το χυμό λάιμ και μια πρέζα αλάτι στο ποτήρι της μπύρας. Γεμίζουμε το ποτήρι με πάγο και ρίχνουμε μέσα την μπύρα. Ανακατεύουμε απαλά και σερβίρουμε.

14. Μιχελάδα

Συστατικά

- Μεξικάνικη μπύρα lager 12 ουγκιών
- 1 ½ ουγγιά (3 κουταλιές της σούπας) χυμός λάιμ
- ½ ουγγιά (1 κουταλιά της σούπας) χυμός σάλσα
- 1 κουταλάκι του γλυκού σάλτσα Worcestershire
- 1 κουταλάκι του γλυκού καυτερή σάλτσα (όπως Cholula)
- Πάγος, για το σερβίρισμα

Οδηγίες

Σε ένα πιάτο ανακατεύουμε το Old Bay, τη σκόνη τσίλι και το αλάτι σέλινου και το απλώνουμε σε μια ομοιόμορφη στρώση. Κόψτε μια εγκοπή σε μια σφήνα ασβέστη και μετά περάστε το λάιμ γύρω από το χείλος ενός ποτηριού. Βουτήξτε την άκρη του χείλους σε ένα πιάτο με καρυκεύματα.

Στο ποτήρι, ανακατέψτε μαζί το χυμό λάιμ, το χυμό salsa (χρησιμοποιήστε ένα σουρωτήρι με λεπτό πλέγμα για να στραγγίσετε το χυμό salsa από μερικές κουταλιές salsa), τη σάλτσα Worcestershire και την καυτερή σάλτσα.

Γεμίστε το ποτήρι με πάγο. Περιχύνουμε με την μπύρα και ανακατεύουμε απαλά.

15. Ποτό μαύρο βελούδο

Συστατικά

- 3 ουγγιές αφρώδες κρασί, όπως σαμπάνια ή Prosecco
- 3 ουγγιές δυνατή μπύρα, όπως η Guinness

Οδηγίες

Ρίξτε τον αφρώδη οίνο σε ένα φλάουτο ή ψηλό μπαλάκι.

Ρίξτε μέσα το στιβαρό. Αν θέλετε, ανακατέψτε με ένα κουτάλι ή αφήστε το να καθίσει για περίπου ένα λεπτό για να παντρέψετε τις γεύσεις

Σερβίρετε αμέσως.

16.Κλασικό Shandy

Συστατικά

- 6 ουγγιές pale ale ή μπύρα lager
- 6 ουγγιές ginger ale, ginger beer, lemon lime soda (Sprite) ή αφρώδη λεμονάδα
- Για το γαρνίρισμα: λεμόνι (προαιρετικά)
- Προαιρετικά: 1 παύλα bitters προσθέτει μια περίπλοκη γεύση

Οδηγίες

Προσθέστε τη μπύρα και το μίξερ σε ένα ποτήρι και ανακατέψτε απαλά να ενωθούν. Γαρνίρουμε με μια φέτα λεμονιού.

17. Γκρέιπφρουτ Shandy

Συστατικά

- 1 ουγγιά απλό σιρόπι
- 3 ουγγιές χυμό γκρέιπφρουτ
- 2 ουγγιές σόδα νερού
- 6 ουγγιές βιοτεχνική μπύρα σίτου (ή ελαφριά μπύρα)
- Για τη γαρνιτούρα: γκρέιπφρουτ (προαιρετικά)

Οδηγίες

Σε ένα ποτήρι μπύρας, ανακατεύουμε το απλό σιρόπι και το χυμό γκρέιπφρουτ.

Προσθέστε τη σόδα και την μπύρα και ανακατέψτε απαλά να ενωθούν. Γαρνίρουμε με μια σφήνα γκρέιπφρουτ και σερβίρουμε.

18.Strawberry Cucumber Spritzer

Συστατικά:

- 6 oz Stella Artois Spritzer
- 1 ουγκιά τζιν
- 0,5 oz λικέρ elderflower
- 2 φέτες αγγουριού
- 2 φράουλες

Οδηγίες

Σε ένα σέικερ για κοκτέιλ, ανακατέψτε καλά τις φέτες αγγουριού και τις φράουλες. Προσθέστε το τζιν, το λικέρ elderflower και ανακινήστε το πάνω από πάγο.

Σούρωσε σε ένα ποτήρι. Προσθέστε Stella Artois Spritzer.

Γαρνίρουμε με κορδέλα αγγουριού και φέτα φράουλα.

Κατευθύνσεις:

19. Beergarita

Συστατικά:

- 1 ουγκιά. Τεκίλα
- 1 ουγκιά. Κρέμα γκρέιπφρουτ Tattersall
- ,5 oz. Χυμός λάιμ
- 6 ουγκιές. Ελαφριά μπίρα

Ανακατεύουμε όλα τα υλικά σε ένα ποτήρι πάνω από πάγο. Γαρνίρουμε με μια σφήνα λάιμ.

Προαιρετικό χείλος αλατιού

Κατευθύνσεις:

20.Bacardi Lime Shot with Beer

Συστατικά:

- 12 μέρη μπύρα
- 1 μέρος Bacardi Lime

Ρίξτε μπύρα σε ένα ποτήρι. Σε ένα σφηνάκι ρίχνουμε το ρούμι με γεύση BACARDÍ Lime και μετά ρίχνουμε μέσα στη μπύρα.

Κατευθύνσεις:

21.Φιντελίτο

Συστατικά:

- 12 ουγκιές. Μοντέλο Negra
- 1 ½ ουγκιά. Casa Noble Reposado Tequila
- ½ ουγκιά. PIMM'S THE ORIGINAL No. 1 Κύπελλο
- 1 ουγκιά. χυμός λάιμ
- 1 ουγκιά. σιρόπι βανίλιας
- 2 παύλες bitters
- Φύλλα μέντας

Ανακατεύουμε όλα τα υλικά σε ένα shaker με πάγο, εκτός από το Modelo Νέγκρα και φύλλα μέντας.

Ανακινήστε και περιχύστε με πάγο. Κορυφή με Modelo Negra .

Σερβίρετε την υπόλοιπη μπύρα με κοκτέιλ. Γαρνίρουμε με φύλλα μέντας.

Κατευθύνσεις:

22.Beermosa

Συστατικά:

- 6 ουγκιές μπύρα σίτου
- 2 ουγκιές Κάβα
- 2 ουγκιές φρέσκο χυμό γκρέιπφρουτ

Ανακατεύουμε τη μπύρα και την κάβα, βάζουμε χυμό γκρέιπφρουτ και ανακατεύουμε.

Κατευθύνσεις:

23.Λεβητοποιός Sunshine

Συστατικά:

- 1 κουτάκι pale lager
- 1,5 ουγκιά. του μπέρμπον
- Sparkling Ice Lemon Lime
- Λεμόνι (γαρνιτούρα)

Σε ένα ποτήρι, ρίξτε την μπύρα υπό γωνία για να εξαφανιστεί το κεφάλι. Προσθέστε 1,5 οz. του μπέρμπον. Από πάνω με Sparkling Ice Lemon Lime. Γαρνίρουμε με λεμόνι.

Κατευθύνσεις:

24. Cinco

Συστατικά:

- 12 ουγκιές. Μοντέλο Negra
- 1 ουγκιά. τεκίλα reposado με jalapeno
- 1 ουγκιά. Λικέρ Χιλής
- 1 ουγκιά. φρέσκο χυμό λάιμ
- $\frac{1}{2}$ ουγκιά. αγαύη
- Πικάντικο αλάτι τσίλι
- Τροχός ασβέστη

Περιστρέψτε ένα ποτήρι highball με πικάντικο αλάτι τσίλι. Προσθέστε τεκίλα, λικέρ Chile, φρέσκο λάιμ και αγαύη σε ένα σέικερ.

Ανακινήστε και στραγγίστε πάνω από φρέσκο πάγο.
Συμπληρώστε με μπύρα.
Σερβίρετε το υπόλοιπο Modelo Negra με το κοκτέιλ.

Γαρνίρετε με πικάντικο χείλος αλατιού τσίλι και τροχό λάιμ.

Κατευθύνσεις:

ΕΠΙΔΟΡΦΙΑ

25.Φοντάν μπύρας και ξινολάχανου

Απόδοση: 10 **Συστατικά σερβιρίσματος**

- ⅔ φλιτζάνι Βούτυρο
- 1 ½ φλιτζάνι Ζάχαρη
- 3 Αυγά
- 1 κουταλάκι του γλυκού Βανίλια

- $\frac{1}{2}$ φλιτζάνι κακάο

- $2\frac{1}{4}$ φλιτζάνι αλεύρι κοσκινισμένο
- 1 κουταλάκι του γλυκού Μπέικιν πάουντερ
- 1 κουταλάκι του γλυκού Σόδα
- 1 φλιτζάνι Μπύρα
- ⅔ φλιτζάνι ξινολάχανο
- 1 φλιτζάνι Σταφίδες
- 1 φλιτζάνι καρύδια ψιλοκομμένα

Ανακατέψτε τα πάντα.

Μετατρέψτε σε δύο λαδωμένα και αλευρωμένα ταψιά για κέικ 8 ή 9 ιντσών. Ψήνουμε στους 350 για 35 λεπτά. Ψύξτε και παγώστε κατά βούληση.

26.Μπισκότα μπύρας

Απόδοση: 4 Μερίδες

Συστατικό

- 2 φλιτζάνια αλεύρι αλεύρωστο
- 3 κουταλάκια του γλυκού Baking Powder
- 1 κουταλάκι του γλυκού Αλάτι
- $\frac{1}{4}$ φλιτζάνι Βραχυντικό
- $\frac{3}{4}$ φλιτζάνι μπύρα

Προθερμάνετε το φούρνο στους 450 βαθμούς Φ. Κοσκινίστε τα ξηρά υλικά μαζί. Κόβουμε σε λίπος μέχρι να αποκτήσει συνοχή από καλαμποκάλευρο.

Ρίξτε την μπύρα, ζυμώστε ελαφρά και ανοίξτε σε πάχος $\frac{1}{2}$ ίντσας. Ψήνουμε για 10 - 12 λεπτά ή μέχρι να ροδίσουν.

27.Κέικ μπύρας Spice

Απόδοση: 12 Μερίδες

Συστατικό

- 3 φλιτζάνια Αλεύρι
- 2 κουταλάκια του γλυκού μαγειρική σόδα
- ½ κουταλάκι του γλυκού Αλάτι
- 1 κουταλάκι του γλυκού Κανέλα
- ½ κουταλάκι του γλυκού μπαχάρι

- $\frac{1}{2}$ κουταλάκι του γλυκού Γαρύφαλλο
- 2 φλιτζάνια μαύρη ζάχαρη, συσκευασμένη
- 2 αυγά χτυπημένα
- 1 φλιτζάνι Σόρτενινγκ
- 1 φλιτζάνι σταφίδες ή χουρμάδες ψιλοκομμένους
- 1 φλιτζάνι ψιλοκομμένα πεκάν/καρύδια
- 2 φλιτζάνια Μπύρα

Κοσκινίζουμε μαζί τα ξηρά υλικά. Κρέμα μαζί λίπος και ζάχαρη? προσθέστε αυγά.

Ανακατεύουμε φρούτα και ξηρούς καρπούς με 2 κουταλιές της σούπας από το μείγμα του αλευριού. Προσθέστε το μείγμα του αλευριού εναλλάξ με την μπύρα. Προσθέστε φρούτα και ξηρούς καρπούς.

Αδειάζουμε σε λαδωμένο και αλευρωμένο ταψί 10 ιντσών και ψήνουμε στους 350 F για 1 ώρα ή μέχρι να γίνουν οι δοκιμές του κέικ.

28. Τυρόσουπα μπύρας με ποπ κορν

Απόδοση: 7 Μερίδες

Συστατικό

- $\frac{1}{4}$ φλιτζάνι Μαργαρίνη
- 1 φλιτζάνι Κρεμμύδι? ψιλοκομμένο
- $\frac{1}{2}$ φλιτζάνι σέλινο? ψιλοκομμένο
- $\frac{1}{2}$ φλιτζάνι καρότο? ψιλοκομμένο
- $\frac{1}{4}$ φλιτζάνι φρέσκος μαϊντανός? ψιλοκομμένο
- 2 σκελίδες σκόρδο? κιμάς

- $\frac{1}{4}$ φλιτζάνι Αλεύρι
- 3 κουταλάκια του γλυκού μουστάρδα ξερή
- Πιπέρι για γεύση
- 2 φλιτζάνια Μισό και μισό
- 1 φλιτζάνι ζωμός κοτόπουλου
- 2$\frac{1}{2}$ φλιτζάνι αμερικάνικο τυρί
- 12 ουγγιές μπύρα
- 2 φλιτζάνια ποπ κορν? έσκασε

Λιώστε τη μαργαρίνη σε μια μεγάλη κατσαρόλα ή σε ολλανδικό φούρνο σε μέτρια φωτιά. Προσθέστε τα όλα

Μαγειρέψτε ακάλυπτα σε μέτρια φωτιά για 10-15 λεπτά ή μέχρι να πήξει η σούπα και να ζεσταθεί καλά

29.Μήλα γεμιστά ψημένα σε μπύρα

Απόδοση: 6 Μερίδες

Συστατικό

- 6 μεσαία Μήλα μαγειρέματος
- ½ φλιτζάνι Σταφίδες
- ½ φλιτζάνι καστανή ζάχαρη συσκευασμένη
- 1 κουταλάκι του γλυκού Κανέλα
- 1 φλιτζάνι Great Western Beer

Πυρήνας μήλων

Αφαιρέστε τη λωρίδα φλούδας 1 ίντσας γύρω από την κορυφή.

Ανακατεύουμε τις σταφίδες, την καστανή ζάχαρη και την κανέλα. Γεμίστε τα κέντρα των μήλων

Τοποθετήστε τα μήλα σε ένα ταψί. Περιχύνουμε την Great Western Beer.

Ψήστε στους 350 βαθμούς F για 40 έως 45 λεπτά, ή μέχρι να μαλακώσουν, αλείφοντας περιστασιακά.

30.Cheddar & cheesecake μπύρας

Απόδοση: 16 Μερίδες

Συστατικό

- $1\frac{1}{4}$ φλιτζάνι ψίχουλα μπισκότου Gingersnap
- 1 φλιτζάνι συν 2 κουταλιές της σούπας ζάχαρη, χωρισμένη
- 1 κουταλάκι του γλυκού τριμμένο τζίντζερ
- $\frac{1}{4}$ φλιτζάνι ανάλατο βούτυρο ή μαργαρίνη,
- 24 ουγγιές τυρί κρέμα

- 1 φλιτζάνι τριμμένο κοφτερό τυρί Cheddar
- 5 μεγάλα αυγά, σε θερμοκρασία δωματίου
- $\frac{1}{4}$ φλιτζάνι μπύρα χωρίς αλκοόλ
- $\frac{1}{4}$ φλιτζάνι βαριά κρέμα

Συνδυάστε τα τρίμματα μπισκότου, 2 κουταλιές της σούπας ζάχαρη, το τζίντζερ και το βούτυρο. Πιέστε σταθερά στον πάτο του προετοιμασμένου ταψιού. Ψύξτε ενώ φτιάχνετε τη γέμιση.

Χτυπάμε και τα δύο τυριά μέχρι να ομογενοποιηθούν. Προσθέστε τη ζάχαρη, τα αυγά, ένα κάθε φορά, χτυπώντας μέχρι να ενωθούν. Σε χαμηλή ταχύτητα, χτυπήστε την μπύρα και την παχύρρευστη κρέμα. Ρίξτε στο έτοιμο ταψί.

Ψήστε για 1 $\frac{1}{2}$ ώρα ή μέχρι να σταθεροποιηθεί το κέντρο και να ροδίσει ελαφρά η κορυφή, αλλά μην ροδίσετε.

31. Βρετανική μπύρα φρούτων

Απόδοση: 1 μερίδα

Συστατικό

- 3 ⅓ κιλά Κεχριμπάρι απλή βύνη
- 2 κιλά κεχριμπαρένια μπύρα M&F
- 1 κιλό βύνη κρούστας, θρυμματισμένη
- 2 ουγγιές λυκίσκος μπύρας βόρειας
- 1 ουγγιά Fuggles hops

- 4 κιλά Μύρτιλλα, σμέουρα ή
- 1 συσκευασία μαγιά EDME ale
- 4 ουγγιές Ζάχαρη ασταρώματος

Βάλτε τους θρυμματισμένους κόκκους σε σακούλα μουσελίνας και βάλτε σε 1 λίτρο κρύο νερό. Αφήνουμε να βράσει, αφαιρούμε τους κόκκους.

Αποσύρουμε την κατσαρόλα από τη φωτιά και προσθέτουμε σιρόπι & DME. Ανακατεύουμε μέχρι να διαλυθεί. Επιστρέψτε την κατσαρόλα να ζεσταθεί και προσθέστε 2 ουγκιές λυκίσκο βόρειας μπύρας. Βράζουμε για 30-45 λεπτά. Προσθέστε τον λυκίσκο της σύκας για τα τελευταία 5 λεπτά βρασμού. Προσθέστε τα φρούτα στο μούστο όταν τελειώσει το βράσιμο.

Βράζετε για μισή ώρα και προσθέτετε 4 λίτρα κρύο νερό.

32. Βασικό ψωμί μπύρας

Απόδοση: 1 μερίδα

Συστατικό

- 3 φλιτζάνια Αλεύρι
- $3\frac{3}{4}$ κουταλάκι του γλυκού Μπέικιν πάουντερ
- $2\frac{1}{4}$ κουταλάκι του γλυκού Αλάτι
- 1 κουτάκι μπύρα
- 1 κουταλιά της σούπας Μέλι

Λαδώνουμε ταψί. Συνδυάστε το αλεύρι, το μπέικιν πάουντερ, το αλάτι, τη μπύρα και το μέλι σε ένα μεγάλο μπολ, ανακατέψτε μέχρι να αναμειχθούν καλά.

Ψήνουμε σε προθερμασμένο φούρνο στους 350 F για 45 λεπτά. Ενεργοποιήστε τη σχάρα και ψύξτε.

33.Μάφινς μπύρας με τυρί

Απόδοση: 6 Μερίδες

Συστατικό

- 1 φλιτζάνι Αλεύρι για όλες τις χρήσεις
- $\frac{3}{4}$ φλιτζάνι Τυρί Cheddar με χαμηλά λιπαρά
- 4 κουταλάκια του γλυκού Ζάχαρη
- $1\frac{1}{4}$ κουταλάκι του γλυκού Baking Powder
- $\frac{1}{4}$ κουταλάκι του γλυκού μαγειρική σόδα
- $\frac{1}{4}$ κουταλάκι του γλυκού Αλάτι

- ⅔ φλιτζάνι μπύρα
- 1 Αυγό, χτυπημένο

Προθερμάνετε το φούρνο στους 375 F

Ψεκάστε 6 φλιτζάνια μάφιν με αντικολλητικό μαγειρικό σπρέι.

Ρίξτε ελαφρά το αλεύρι στο μεζούρα. επίπεδο. Σε ένα μπολ με φαρμακείο, συνδυάστε το αλεύρι, το τυρί, τη ζάχαρη, το μπέικιν πάουντερ, τη σόδα και το αλάτι. Ανακατέψτε καλά. Προσθέστε μπύρα και αυγό? ανακατεύουμε μέχρι να υγρανθούν τα ξηρά υλικά. Μοιράστε τη ζύμη ομοιόμορφα σε ψεκασμένα φλιτζάνια για μάφιν, γεμίζοντας το καθένα περίπου κατά τα $\frac{3}{4}$.

Ψήστε στους 375F για 17 - 22 λεπτά ή μέχρι να ροδίσουν και η οδοντογλυφίδα που έχετε τοποθετήσει στο κέντρο να βγαίνει καθαρή.
Σερβίρετε ζεστό ή σε θερμοκρασία δωματίου.

34.Ψωμί μπύρας άνηθο

Απόδοση: 12 Μερίδες

Συστατικό

- 3 φλιτζάνια Αλεύρι
- 1 κουταλιά της σούπας Ζάχαρη
- 1 ½ κουταλιά της σούπας Μπέικιν πάουντερ
- ¼ κουταλάκι του γλυκού Αλάτι
- 12 ουγγιές μπύρα
-

3 κουταλιές της σούπας φρέσκος άνηθος

Προθερμαίνουμε το φούρνο στους 375 βαθμούς. Βουτυρώστε ένα ταψί ή ψεκάστε με φυτικό λάδι. Κοσκινίζουμε το αλεύρι, τη ζάχαρη, το μπέικιν πάουντερ και το αλάτι σε ένα μπολ. Προσθέστε την μπύρα και τον άνηθο. Ξύστε το κουρκούτι στο έτοιμο ταψί και ψήστε στο κέντρο του φούρνου για 55 έως 60 λεπτά ή μέχρι να ροδίσει από πάνω και το μαχαίρι που έχετε τοποθετήσει στο κέντρο να βγαίνει καθαρό.

Αφήστε το να καθίσει στο τηγάνι για 10 λεπτά και μετά κρυώστε σε μια σχάρα.

ΣΝΑΚ

35.Ξηροί καρποί μπύρας

Απόδοση: 1 μερίδα

Συστατικό

- 2 φλιτζάνια ωμά φιστίκια (με τη φλούδα)
- 1 φλιτζάνι ΖΑΧΑΡΗ
- $\frac{1}{2}$ φλιτζάνι ΝΕΡΟ
-

Λίγες σταγόνες ΚΟΚΚΙΝΗ χρωστική τροφίμων

Ανακατεύουμε - Μαγειρεύουμε σε βαρύ τηγάνι σε ζεστή φωτιά μέχρι να φύγει το νερό (περίπου 10-15 λεπτά) Απλώνουμε σε ταψί Ψήνουμε για 1 ώρα στους 250

36. Τηγανισμένα σπαράγγια σε κουρκούτι μπύρας

Απόδοση: 1 μερίδα

Συστατικό

- 1 το καθένα Με 2 κιλά σπαράγγια
- 1 φλιτζάνι Αλεύρι
- 1 κουτάκι μπύρα
-
-

- Αλατοπίπερο

  Σκόνη σκόρδου

  Αλάτι καρυκευμένο

Ιταλικό καρύκευμα, για γεύση

- Ελαιόλαδο

Ανακατέψτε λουλούδι και καρυκεύματα μαζί. Προσθέστε μπύρα για να τηγανίσετε τα υλικά ανακατεύοντας αργά μέχρι να γίνει αρκετά παχύρρευστο ώστε να κολλήσει στα σπαράγγια. Κόψτε τα σπαράγγια σε κομμάτια δύο ιντσών ή αφήστε τα ολόκληρα.

Τηγανίζουμε σε δύο ίντσες ελαιόλαδο μέχρι να ροδίσουν, γυρίζοντας μια φορά

-
-

-

37.Κουλουράκια spritz πορτοκαλιού

Απόδοση: 1 μερίδα

Συστατικό

- $2\frac{1}{4}$ φλιτζάνι Αλεύρι
- 1 κουταλιά της σούπας Μπέικιν πάουντερ
- $\frac{1}{4}$ κουταλάκι του γλυκού Αλάτι
- $\frac{3}{4}$ φλιτζάνι Βούτυρο
-

$\frac{1}{2}$ φλιτζάνι Ζάχαρη

1 Αυγό

2 τσαγιού τριμμένη φλούδα πορτοκαλιού

$\frac{1}{2}$ κουταλάκι του γλυκού εκχύλισμα αμυγδάλου

Συνδυάστε το αλεύρι, το μπέικιν πάουντερ και το αλάτι. αφήνω στην άκρη.

Χτυπάμε το βούτυρο και τη ζάχαρη μέχρι να αφρατέψουν, χτυπάμε το αυγό, τη φλούδα πορτοκαλιού και το εκχύλισμα αμυγδάλου, προσθέτουμε τα ξηρά υλικά και χτυπάμε μέχρι να ενωθούν.

Μην κρυώνετε τη ζύμη.

Συσκευάστε τη ζύμη σε πρέσα μπισκότων. Πιέστε με δύναμη τη ζύμη σε ένα ταψί χωρίς λαδόκολλα. Αν θέλετε διακοσμήστε με χρωματιστή ζάχαρη ή καραμέλες.

Ψήνουμε στους 400~ για 6-8 λεπτά. Αφαιρέστε σε συρμάτινες σχάρες για να κρυώσει.

-
-

●

38. Ταψάκια μπύρας

Απόδοση: 4 Μερίδες

Συστατικό

- $1\frac{3}{4}$ φλιτζάνι αλεύρι για όλες τις χρήσεις
- $1\ \frac{1}{2}$ κουταλάκι του γλυκού Μπέικιν πάουντερ
- $\frac{1}{2}$ κουταλάκι του γλυκού μαγειρική σόδα
- $\frac{1}{2}$ κουταλάκι του γλυκού Αλάτι

- 1 φλιτζάνι μαύρη ζάχαρη συσκευασμένη

$\frac{1}{2}$ φλιτζάνι μπύρα

1 Αυγό

3 κουταλιές της σούπας Λάδι

- 1 κουταλιά της σούπας μελάσα
- 1 μπουκάλι μπύρα
- 1 κουταλιά της σούπας βούτυρο (προαιρετικά)

Ανακατέψτε τα ξηρά συστατικά. Χτυπάμε το αυγό με το λάδι και τη μελάσα. Προσθέστε στα στεγνά υλικά μαζί με την μπύρα.

Ρίχνουμε το κουρκούτι με κουτάλι σε ζεστό και πολύ ελαφρά λαδωμένο ταψί

Απλώστε με το πίσω μέρος του κουταλιού σε διάμετρο $3\frac{1}{2}$ έως 4 ίντσες. Μαγειρέψτε μέχρι να ροδίσει, γυρίζοντας μια φορά.

Για το σιρόπι, ανακατεύουμε τα υλικά σε κατσαρόλα και βράζουμε για λεπτά.

-
-

39.Smokies σε μπύρα και μέλι

Απόδοση: 6 Μερίδες

Συστατικό

- 1 κιλό Μινιατούρα smokie -links
- 12 ουγγιές μπύρα
- $\frac{1}{2}$ φλιτζάνι Μέλι

Καστανοί καπνοί σε τηγάνι αρκετά μεγάλο ώστε να χωράει όλα τα υλικά

Περιχύνουμε με μπύρα και μέλι τα smokies και τα αφήνουμε να βράσουν.

Μειώστε τη θερμότητα και καλύψτε.

Σιγοβράζουμε για 15 λεπτά. Μεταφέρετε στο πιάτο σερβιρίσματος και ξεφύγετε από τη μέση.

40. Δαχτυλίδι κρεμμυδιού με κουρκούτι μπύρας

Απόδοση: 2 μερίδες

Συστατικό

- 1 ⅓ φλιτζάνι αλεύρι για όλες τις χρήσεις
- 1 κουταλάκι του γλυκού Αλάτι
- $\frac{1}{4}$ κουταλάκι του γλυκού Πιπέρι
- 1 κουταλιά της σούπας Λάδι
- 2 κρόκοι αυγών

- $\frac{3}{4}$ φλιτζάνι μπύρα
- 2 μεγάλα λευκά κρεμμύδια κομμένα σε φέτες πάχους 1/4 ίντσας
- Λάδι για τηγάνισμα

Ανακατεύουμε το αλεύρι, το αλάτι, το πιπέρι, το λάδι και τους κρόκους μαζί. Ρίξτε σταδιακά την μπύρα. Βάλτε το κουρκούτι στο ψυγείο για 3 $\frac{1}{2}$ ώρες να ξεκουραστεί πριν το χρησιμοποιήσετε.

Κόβουμε τα κρεμμύδια και τα βουτάμε στο κουρκούτι. Τηγανίζουμε σε λάδι 375 F μέχρι να ροδίσουν. Αυτό το κουρκούτι λειτουργεί καλά και σε άλλα λαχανικά εκτός από ροδέλες κρεμμυδιού - και είναι υπέροχο και στα ψάρια.

41. Ντιπ τυριού & μπύρας

Απόδοση: 1 μερίδα

Συστατικό

- 1 φλιτζάνι τυρί cottage? μικρό τυρόπηγμα
- 3 ουγκιές τυρί κρέμα
- 2¼ ουγγιά Deviled ham
- ¼ φλιτζάνι μπύρα? Νέο Ηλιοστάσιο Γκλάρους
- ½ κουταλάκι του γλυκού καυτερή σάλτσα
- 1 παύλα Αλάτι
- Μαϊντανός; για γαρνιτούρα

Σε ένα μπολ βάζουμε όλα τα υλικά εκτός από τον μαϊντανό και χτυπάμε μέχρι να ομογενοποιηθούν. Τοποθετούμε σε μπολ και γαρνίρουμε με μαϊντανό

42. Ζύμη μπύρας Tempura

Απόδοση: 1 μερίδα

Συστατικό

- 1 $\frac{1}{4}$ φλιτζάνι Αλεύρι
- 1 κουταλάκι του γλυκού Αλάτι
- 1 κουταλάκι του γλυκού Μαύρο πιπέρι ψιλοτριμμένο
- $\frac{1}{2}$ κουταλάκι του γλυκού καγιέν
- 1 μπύρα lager 12 ουγκιών? (κρύο)
- Φυτικό λάδι για βαθύ τηγάνισμα. (360 μοίρες F.)

Χτυπήστε γρήγορα? μην το παρακάνετε! Αφήστε τα Lumps και χρησιμοποιήστε αμέσως το κουρκούτι.

43.Γερμανική σάλτσα μπάρμπεκιου

Απόδοση: 12 Μερίδες

Συστατικό

- 2 μπουκάλια (14-oz) catsup
- 1 μπουκάλι (12 oz) σάλτσα τσίλι
- ½ φλιτζάνι έτοιμη μουστάρδα
- 1 κουταλάκι του γλυκού μουστάρδα ξερή
- 1 κουταλάκι του γλυκού Αλάτι
- 1 ½ φλιτζάνι καστανή ζάχαρη; γερά συσκευασμένο

2 κουταλιές της σούπας μαύρο πιπέρι

- 1 μπουκάλι (5-oz) σάλτσα μπριζόλας
- $\frac{1}{2}$ φλιτζάνι σάλτσα Worcestershire
- 1 κουταλιά της σούπας σάλτσα σόγιας
- 1 μπουκάλι (12-oz) μπύρα
- 2 κουταλάκια του γλυκού Ψιλοκόψτε το σκόρδο

Ανακατεύουμε όλα τα υλικά, εκτός από το σκόρδο, σε μια κατσαρόλα και σιγοβράζουμε για 30 λεπτά σε μέτρια φωτιά. Προσθέστε ψιλοκομμένο σκόρδο πριν το χρησιμοποιήσετε.

Αλείψτε το κρέας κατά τα τελευταία 15 λεπτά του χρόνου ψησίματος.

-

44. Βασική σφουγγαρίστρα μπύρας

Απόδοση: 3 μερίδες

Συστατικό

- 12 ουγγιές μπύρα
- ½ φλιτζάνι ξίδι μηλίτη
- ½ φλιτζάνι Νερό
- ¼ φλιτζάνι λάδι κανόλας
- ½ μέτριο κρεμμύδι, ψιλοκομμένο

- 2 Σκελίδες Σκελίδα Σκόρδο, Ψιλοκομμένες

  1 κουταλιά της σούπας σάλτσα Worcestershire
- 1 κουταλιά της σούπας ξηρό τρίψιμο

Ανακατεύουμε όλα τα υλικά σε μια κατσαρόλα. Ζεσταίνουμε τη σφουγγαρίστρα και τη χρησιμοποιούμε ζεστή.

-

45. Ζύμη μπύρας για ψάρια

Απόδοση: 6 Μερίδες

Συστατικό

- 1 φλιτζάνι Αλεύρι για όλες τις χρήσεις
- ¾ κουταλάκι του γλυκού Μπέικιν πάουντερ
- ½ κουταλάκι του γλυκού Αλάτι
- ½ φλιτζάνι Νερό
- ½ φλιτζάνι μπύρα

- 1 κάθε αυγό
- Φυτικό λάδι για τηγάνισμα

2 κιλά Φιλέτα Ψαριού

Μια από τις καλύτερες συνταγές με κουρκούτι

Σε ένα μπολ ανακατεύουμε το αλεύρι, το μπέικιν πάουντερ και το αλάτι. Κάντε ένα πηγάδι στο κέντρο. ρίχνουμε μέσα το νερό, την μπύρα και το αυγό, χτυπώντας με το σύρμα για να γίνει μια λεία ζύμη. Αφήστε να σταθεί 20 λεπτά.

Ζεσταίνουμε το λάδι σε μεγάλη κατσαρόλα στους 350 F

Βουτήξτε τα φιλέτα ψαριού στο κουρκούτι, προσθέτοντας στο καυτό λάδι ένα κάθε φορά. Μαγειρέψτε για περίπου 5 λεπτά, γυρίζοντας μία ή δύο φορές, μέχρι να ροδίσουν και να γίνουν τραγανά. Αφαιρέστε σε πιάτο με επένδυση χαρτιού.

-

46. Επάλειψη μπύρας και ένταμ

Απόδοση: 3 φλιτζάνια

Συστατικό

- 2 στρογγυλά τυρί 7 oz
- 8 ουγγιές χάρτινη κρέμα γάλακτος γάλακτος
- $\frac{1}{4}$ φλιτζάνι μπύρα
- 2 κουταλάκια σχοινόπρασο ψιλοκομμένο
- Σχοινόπρασο ψιλοκομμένο

- Ποικιλία κροτίδων

Φέρτε το τυρί σε θερμοκρασία δωματίου. Κόψτε έναν κύκλο από την κορυφή κάθε τυριού στρογγυλό, περίπου $\frac{1}{2}$ ίντσα από την άκρη. Αφαιρέστε τον κομμένο κύκλο της επικάλυψης παραφίνης

Αφαιρέστε προσεκτικά το τυρί, αφήνοντας $\frac{1}{2}$ ίντσα τυρί ανέπαφο για να σχηματίσετε ένα κέλυφος

Τοποθετήστε την κρέμα γάλακτος, την μπύρα, το σχοινόπρασο και το τυρί σε ένα δοχείο μπλέντερ ή μπολ του επεξεργαστή τροφίμων. Καλύψτε και επεξεργαστείτε μέχρι να ομογενοποιηθεί, σταματάτε το μηχάνημα περιστασιακά για να ξύνετε τις πλευρές.

Ρίχνουμε το μείγμα του τυριού σε κοχύλια

Καλύψτε και κρυώστε αρκετές ώρες ή όλη τη νύχτα.

Γαρνίρουμε με σχοινόπρασο, αν θέλουμε. Σερβίρουμε με κράκερ.

47. Ντιπ μπύρας τυριού και τσίλι

Απόδοση: 1 μερίδα

Συστατικό

- 2 φλιτζάνια τριμμένο κοφτερό τσένταρ
- $\frac{3}{4}$ φλιτζάνι μπύρα (όχι σκούρα)
- 2 φλιτζάνια Jarlsberg τριμμένο
- $\frac{1}{2}$ φλιτζάνι στραγγισμένες ντομάτες σε κονσέρβα
- 2 κουταλιές της σούπας αλεύρι για όλες τις χρήσεις
- 1 μπουκάλι τσίλι jalapeno τουρσί, κιμά

-
- 1 μικρό κρεμμύδι? κιμάς
- Τσιπς τορτίγιας ως συνοδευτικό

1 κουταλιά της σούπας ανάλατο βούτυρο

Σε ένα μπολ ρίχνουμε τα τυριά με το αλεύρι και κρατάμε το μείγμα.

Σε μια μεγάλη βαριά κατσαρόλα βράζουμε το κρεμμύδι στο βούτυρο σε μέτρια χαμηλή φωτιά, ανακατεύοντας, μέχρι να μαλακώσει, προσθέτουμε τη μπύρα, τις ντομάτες και το jalapeño και σιγοβράζουμε το μείγμα για 5 λεπτά.

Προσθέστε το κρατημένο μείγμα τυριών κατά $\frac{1}{2}$ φλιτζάνι στο μείγμα της μπύρας, ανακατεύοντας μετά από κάθε προσθήκη μέχρι να λιώσουν τα τυριά, σερβίρετε το ντιπ με τα πατατάκια. Κάνει $4\frac{1}{2}$ φλιτζάνια

48.Σάλτσα ψαριού μπύρας

Απόδοση: 1 μερίδα

Συστατικό

- 1 φλιτζάνι Μαγιονέζα
- ¼ φλιτζάνι Catsup
- ¼ φλιτζάνι μπύρα
-
-

-

1 κουταλιά της σούπας έτοιμη μουστάρδα

1 κουταλιά της σούπας χυμό λεμονιού

1 κουταλάκι του γλυκού Έτοιμο χρένο

Συνδυάστε όλα τα υλικά.

Ψύξτε και σερβίρετε με ψάρι.

49. Μαρινάδα μπύρας για μοσχάρι

Απόδοση: 8 Μερίδες

Συστατικό

- 2 κουτιά μπύρας (κονσέρβες 12 oz ή 10 oz)
- 2 κουταλάκια του γλυκού Αλάτι
- $\frac{1}{2}$ φλιτζάνι ελαιόλαδο
- 1 κουταλάκι του γλυκού τριμμένο πιπέρι καγιέν
-
-

-
- 1 κουταλιά της σούπας ξύδι κρασιού

  1 κουταλιά της σούπας Έτοιμο χρένο

  1 τσαγιού Κρεμμύδι σε σκόνη

  2 κουταλιές της σούπας χυμό λεμονιού

- 1 κουταλάκι του γλυκού σκόνη σκόρδου

Ανακατεύουμε όλα τα υλικά μαζί και τα χρησιμοποιούμε ως μαρινάδα.

Στη συνέχεια χρησιμοποιήστε ως σάλτσα για το κρέας όσο ψήνεται.

50. Μεξικάνικη σάλσα μπύρας

Απόδοση: 4 Μερίδες

Συστατικό

- 4 το καθένα Αποξηραμένα τσίλι αντσό
- 6 μεγάλες ώριμες ντομάτες
- $\frac{3}{4}$ φλιτζάνι λευκά κρεμμύδια κομμένα σε κύβους
- 4 η κάθε Σκελίδες σκόρδο

-
- 1 κουταλιά της σούπας αλάτι χοντρό

  ½ κουταλάκι του γλυκού μαύρο πιπέρι

  ½ φλιτζάνι μεξικάνικη μπύρα

  ½ φλιτζάνι ψιλοκομμένα φύλλα κόλιανδρου

Προθερμαίνουμε τον φούρνο στους 400 βαθμούς. Μουλιάζουμε τα αντσος σε ζεστό νερό μέχρι να μαλακώσουν, περίπου 10 με 15 λεπτά. Στραγγίστε το νερό και το μίσχο και τους σπόρους τσίλι . (Χρησιμοποιήστε γάντια.) Τοποθετήστε τις ντομάτες, το κρεμμύδι, το σκόρδο και τα τσίλι σε ένα ταψί και ψήστε στο φούρνο για 20 λεπτά μέχρι να ανθίσουν οι φλούδες της ντομάτας.

Τα βγάζετε και τα βάζετε όλα στο μπλέντερ ή στον επεξεργαστή τροφίμων και χτυπάτε για λίγο μέχρι να γίνουν πουρές αλλά να γίνουν ακόμα χοντρά. Ρίξτε σε κατσαρόλα και αφήστε να σιγοβράσει. Ανακατεύουμε με αλάτι, πιπέρι και μπύρα. Αποσύρουμε από τη φωτιά και προσθέτουμε τον κόλιαντρο. Σερβίρετε ζεστό. Κάνει 4 φλιτζάνια

ΕΓΧΥΣΤΙΚΑ ΠΙΑΤΑ

51.Μοσχάρι στιφάδο με λαχανικά ρίζας

Απόδοση: 6 Μερίδες

Συστατικό

- 2 λίβρες μοσχαρίσιο κρέας στιφάδο
- 1 κουταλιά της σούπας Θυμάρι ξερό
- 1 κουταλιά της σούπας ξερό δεντρολίβανο
- ¼ φλιτζάνι Φυτικό λάδι

-
-
- 2 κουταλιές της σούπας Βούτυρο

  1 φλιτζάνι κρεμμύδια? ξεφλουδισμένα και κομμένα σε κύβους

  $\frac{1}{4}$ φλιτζάνι Αλεύρι

- 12 ουγκιές μαύρη μπύρα
- 1 λίτρο Ζεστός ζωμός βοδινού
- $\frac{1}{2}$ φλιτζάνι ντομάτες θρυμματισμένες
- 2 κουταλάκια του γλυκού Αλάτι & 2 κουταλάκια του γλυκού πιπέρι
- 1 φλιτζάνι καρότα και σέλινο καθαρισμένα και κομμένα σε κύβους
- 1 φλιτζάνι ρουταμπάγκα ξεφλουδισμένη και κομμένη σε κύβους
- 1 φλιτζάνι παστινάκια καθαρισμένα και κομμένα σε κύβους

Σε μια μεγάλη κατσαρόλα βράζουμε και χαμηλώνουμε τη φωτιά σε σιγά σιγά. Μαγειρέψτε για $\frac{3}{4}$ ώρα.

52.Κεχριμπάρι από την Αλάσκα κόκκινα φασόλια

Απόδοση: 6 Μερίδες

Συστατικό

- 1 κιλό Κόκκινα φασόλια? μαγείρευτος
- ½ κιλά Ζαμπόν? σε κύβους
- ½ κιλά Λουκάνικα με ζεστό σύνδεσμο. σε κύβους
- 3 μέτριες πιπεριές Jalapeño Χιλής
- 1 μέτριο κρεμμύδι? σε κύβους
- 1 κουταλιά της σούπας καρύκευμα κρεόλ
- 2 μπουκάλια Alaskan Amber Beer

•

•

$\frac{1}{2}$ φλιτζάνι σέλινο? σε κύβους

$\frac{1}{2}$ φλιτζάνι κόκκινη πιπεριά? σε κύβους

Σε ένα κατσαρολάκι ή σε ένα βαρύ τηγάνι 3 λίτρων βάζετε όλα τα υλικά εκτός από τα φασόλια να πάρουν βράση και σιγοβράζετε για μία ή δύο ώρες. Προσθέστε τα φασόλια και σιγοβράστε για άλλη μια ή δύο ώρες.

Μην χρησιμοποιείτε καρύκευμα κρεόλ φτιαγμένο με αλάτι. Το λουκάνικο και το ζαμπόν παρέχουν αλάτι και μπορεί να προστεθεί περισσότερο στο τραπέζι.

Προσθέστε επιπλέον πιπεριές αν θέλετε. Σερβίρουμε με ρύζι. Στραγγίζουμε τα φασόλια και ξαναγεμίζουμε με νερό να σκεπαστούν και σιγοβράζουμε μέχρι να μαλακώσουν.

κοκκινιστό μπύρας και τσίλι

Απόδοση: 1 μερίδα

Συστατικό

- 2 σκελίδες σκόρδο? κιμάς
- 2 κουταλάκια του γλυκού αλεσμένο κύμινο
- $\frac{1}{4}$ κουταλάκι του γλυκού κανέλα
- $\frac{1}{4}$ φλιτζάνι συν 1 κ.σ. καστανή ζάχαρη
- Ψαρονέφρι 5 κιλών
- 2 μεγάλα κρεμμύδια? κομμένο σε φέτες
- 1 φλιτζάνι μαύρη μπύρα? ή εύσωμος

-
- 3 κουταλιές της σούπας πελτέ ντομάτας

  τσίλι από κονσέρβα

- 10 μικρές κόκκινες πατάτες. κόβω στην μέση
- $\frac{1}{2}$ κιλά Baby καρότα

Ανακατεύουμε καλά τα 3 πρώτα υλικά. Τρίψτε το ψαρονέφρι με μείγμα μπαχαρικών να καλυφθεί και τοποθετήστε το σε αλουμινόχαρτο.

Τοποθετήστε φέτες κρεμμυδιού πάνω από το κρέας. Ανακατεύουμε τα επόμενα 3 υλικά και την υπόλοιπη καστανή ζάχαρη σε ένα μπολ. Περιχύνουμε το κρέας.

Αλείφουμε το κρέας με τους χυμούς του τηγανιού και ψήνουμε άλλη μια ώρα.

Προσθέστε τις πατάτες και τα καρότα στο τηγάνι. Ψήνουμε για περίπου 1 $\frac{1}{2}$ ώρα, ακάλυπτα.

54. Μπύρα και κουλουράκια κοτόπουλο -Perdue

Απόδοση: 4 μερίδες

Συστατικό

- 1 κοτόπουλο Perdue, κομμένο
- ⅓ φλιτζάνι Αλεύρι
- 1 κουταλάκι του γλυκού πάπρικα
- 2 κουταλάκια του γλυκού Αλάτι
- $\frac{1}{4}$ κουταλάκι του γλυκού Τζίντζερ
- $\frac{1}{4}$ κουταλάκι του γλυκού Πιπέρι
- $\frac{1}{2}$ φλιτζάνι μπύρα

-
-

1 Αυγό

$\frac{1}{2}$ φλιτζάνι Πρέτσελ ψιλοτριμμένα

- $\frac{1}{4}$ φλιτζάνι τριμμένη παρμεζάνα
- $\frac{1}{4}$ φλιτζάνι μπουκίτσες μπέικον θρυμματισμένες
- 1 κουταλιά της σούπας αποξηραμένες νιφάδες μαϊντανού

Σε ένα μπολ ανακατεύουμε το αλεύρι, την πάπρικα, το αλάτι, το τζίντζερ και το πιπέρι. Προσθέστε μπύρα και αυγό.

Ανακατέψτε θρυμματισμένα κουλούρια, παρμεζάνα, μπουκίτσες μπέικον και μαϊντανό σε πλαστική σακούλα. Βουτήξτε τα κομμάτια κοτόπουλου και ανακινήστε να καλυφθούν.

Ψήστε, σκεπασμένο, στους 350 F για 30 λεπτά

55.Κοτόπουλο κουρκούτι μπύρας

Απόδοση: 4 μερίδες

Συστατικό

- 1 φλιτζάνι αλεύρι χωρίς κόσκινο
- 1 κουταλιά της σούπας πάπρικα
- $\frac{1}{2}$ κουταλάκι του γλυκού Αλάτι
- 1 Ποσ. καλαμποκέλαιο
- 1 φλιτζάνι Μπύρα
- 3 κιλά Κοτόπουλο, κομμένο σε μέρη

Σε μεγάλο μπολ ανακατεύουμε τα 3 πρώτα υλικά. Ρίξτε καλαμποκέλαιο σε βαριά 3 τετρ. κατσαρόλα ή φριτέζα, γεμίζοντας όχι περισσότερο από ⅓ γεμάτο.

Ζεσταίνουμε σε μέτρια φωτιά στους 375 βαθμούς

Όταν είστε έτοιμοι να τηγανίσετε, ανακατέψτε σταδιακά τη μπύρα στο μείγμα του αλευριού μέχρι να ομογενοποιηθεί. Βουτήξτε το κοτόπουλο, 1 κομμάτι τη φορά, στη ζύμη. αποτινάξετε την περίσσεια.

Τηγανίζουμε μερικά κομμάτια τη φορά. γυρίζοντας περιστασιακά, για 6 με 8 λεπτά ή μέχρι να ροδίσουν και το κοτόπουλο να είναι τρυφερό. Στραγγίζουμε σε απορροφητικό χαρτί. Διατηρήστε το ζεστό ενώ τηγανίζετε τα υπόλοιπα κομμάτια.

56. Τηγάνι ψαριού κουρκούτι μπύρας

Απόδοση: 1 μερίδα

Συστατικό

- 1 φλιτζάνι Bisquick
- 1 κουταλάκι του γλυκού Αλάτι
- 4 6 ουγγιές μπύρα
- ⅓ φλιτζάνι Γεύμα καλαμποκιού
- ¼ κουταλάκι του γλυκού Πιπέρι
- 2 κιλά φιλέτα ψαριού

Συνδυάστε τα ξηρά υλικά και προσθέστε μπύρα για να αποκτήσετε μια κολλώδη υφή για βύθιση.

Αλατίζουμε τα ψάρια και τα βουτάμε στο κουρκούτι.

Τηγανίζουμε στους 375 βαθμούς μέχρι το ψάρι να ροδίσει.

57. Τηγάνι με κουρκούτι μπύρας

Απόδοση: 1 μερίδα

Συστατικό

- 1 φλιτζάνι Bisquick
- 1 κουταλάκι του γλυκού Αλάτι
- 4 6 ουγκιές μπύρα
- ⅓ φλιτζάνι Γεύμα καλαμποκιού
- ¼ κουταλάκι του γλυκού Πιπέρι
- 2 κιλά φιλέτα ψαριού

Συνδυάστε τα ξηρά υλικά και προσθέστε μπύρα για να αποκτήσετε μια κολλώδη υφή για βύθιση.

Αλατίζουμε τα ψάρια και τα βουτάμε στο κουρκούτι.

Τηγανίζουμε στους 375 βαθμούς μέχρι το ψάρι να ροδίσει.

58. Ζύμη μπύρας για τηγανητό κοτόπουλο

Απόδοση: 1 μερίδα

Συστατικό

- ⅔ φλιτζάνι Αλεύρι
- ½ κουταλάκι του γλυκού Αλάτι
- ⅛ κουταλάκι του γλυκού Πιπέρι
- 1 κρόκος αυγού? χτυπημένος
- ¾ φλιτζάνι μπύρα Flat

Ανακατεύουμε τα ξηρά υλικά και τα αφήνουμε στην άκρη. Χτυπάμε τον κρόκο του αυγού και προσθέτουμε σιγά σιγά την μπύρα.

Προσθέστε το σταδιακά στο στεγνό μείγμα. Βρέξτε το κοτόπουλο. Βουτήξτε σε αλεύρι αλεύρι και στη συνέχεια βυθίστε στο κουρκούτι. Βουτάμε ξανά σε αλεύρι αλεύρι. Μαρίδα

59. Ζύμη μπύρας για γαρίδες & λαχανικά

Απόδοση: 1 μερίδα

Συστατικό

- 2 φλιτζάνι Αλεύρι
- 2 φλιτζάνια Μπύρα
- Λάδι; για τηγάνισμα
- Καρυκευμένο αλεύρι? για βυθοκόρηση
- Γαρίδα; ξεφλουδισμένος, αποφλοιωμένος
- Λωρίδες κολοκυθιού

•

Μπουκίτσες μπρόκολου

Σε ένα μπολ με το αλεύρι, χτυπάμε με σύρμα την μπύρα, λίγη κάθε φορά. Προσθέστε περισσότερη μπύρα όσο χρειάζεται. Ρίξτε τη ζύμη από ένα σουρωτήρι και αφήστε τη να καθίσει για μια ώρα. Ελέγξτε για την επιθυμητή συνοχή και προσθέστε περισσότερη μπύρα εάν χρειάζεται.

Σε μια βαθιά κατσαρόλα ζεσταίνουμε το λάδι στους 360 βαθμούς. Βυθίστε το προϊόν που θα τηγανίσετε σε αλεύρι και μετά βυθίστε το στο κουρκούτι της μπύρας. Τηγανίζουμε μέχρι να ροδίσουν. Αφαιρέστε σε ένα πιάτο με επένδυση από χαρτί κουζίνας. Σερβίρετε αμέσως.

60.Σόλα τηγανητή με κουρκούτι μπύρας

Απόδοση: 1 μερίδα

Συστατικό

- 2 κιλά Φιλέτο σόλας
- $\frac{3}{4}$ φλιτζάνι Αλεύρι
- 1 κουταλάκι του γλυκού Μπέικιν πάουντερ
- $\frac{1}{2}$ κουταλάκι του γλυκού κρεμμύδι σε σκόνη
- $\frac{1}{8}$ κουταλάκι του γλυκού λευκό πιπέρι
- $\frac{1}{2}$ φλιτζάνι μπύρα

2 αυγά, χτυπημένο φυτικό λάδι σάλτσα ταρτάρ

•

Το κουρκούτι για αυτό το τηγανητό ψάρι είναι ελαφρύ και τραγανό με μια λεπτή γεύση μπύρας . Άλλα φιλέτα ψαριού μπορούν να αντικατασταθούν με τη γλώσσα.

Στεγνώστε τα ψάρια με χαρτί κουζίνας. Κόψτε κάθε κομμάτι στη μέση κατά μήκος.

Συνδυάστε τα ξηρά συστατικά. Ανακατεύουμε την μπύρα με τα αυγά και 2 TBS λάδι και την προσθέτουμε στα στεγνά υλικά. Ανακατεύουμε μέχρι να υγρανθεί. Ζεσταίνουμε $\frac{1}{4}$ ίντσας λάδι σε ένα τηγάνι

Βουτήξτε κάθε κομμάτι ψαριού σε κουρκούτι, καλύπτοντας καλά. Τηγανίζουμε μέχρι να ροδίσουν και από τις δύο πλευρές. Σερβίρουμε με σάλτσα ταρτάρ. Κάντε 6-8 μερίδες.

61.τηγανητά λαχανικά με κουρκούτι μπύρας

Απόδοση: 4 μερίδες

Συστατικό

- Λάδι
- 1 φάκελος Golden Onion Soup Mix
- 1 φλιτζάνι αλεύρι για όλες τις χρήσεις
- 1 κουταλάκι του γλυκού Baking Powder

2 Μεγάλα Αυγά

-
- ½ φλιτζάνι μπύρα, Οποιαδήποτε κανονική μπύρα
- 1 κουταλιά της σούπας έτοιμη μουστάρδα

Στη φριτέζα, ζεστάνετε το λάδι στους 375 βαθμούς Φ. Εν τω μεταξύ, σε μεγάλο μπολ, χτυπήστε το μείγμα σούπας συνταγής χρυσού κρεμμυδιού, το αλεύρι, το μπέικιν πάουντερ, τα αυγά, τη μουστάρδα και την μπύρα μέχρι να ομογενοποιηθούν και να αναμειχθούν καλά. Αφήνουμε το κουρκούτι να σταθεί για 10 λεπτά. Βουτήξτε τα Suggested Veggies 'n' Things στη ζύμη και, στη συνέχεια, ρίξτε προσεκτικά σε καυτό λάδι.

Τηγανίζουμε, γυρίζοντας μια φορά, μέχρι να ροδίσουν. στραγγίζουμε σε απορροφητικό χαρτί. Σερβίρετε ζεστό.

62. Κοτόπουλο με μεξικάνικη μπύρα

Απόδοση: 1 μερίδα

Συστατικό

- $1\frac{1}{2}$ κιλό Κομμάτια κοτόπουλου
- 2 πράσινες πιπεριές κομμένες σε λεπτές φέτες
- 1 μέτριο κρεμμύδι κομμένο σε λεπτές φέτες
- 1 ψιλοκομμένη σκελίδα σκόρδο
- 1 μεγάλη ντομάτα ψιλοκομμένη
- 2 κουταλιές της σούπας Λάδι
- 1 κουτάκι μπύρα

- Αλάτι πιπέρι

Ζεσταίνουμε το λάδι σε μια κατσαρόλα. Πασπαλίζουμε με αλάτι και πιπέρι το κοτόπουλο, το βάζουμε στο λάδι και τηγανίζουμε κάθε κομμάτι κοτόπουλου από κάθε πλευρά μέχρι να ροδίσει ελαφρά, αφαιρούμε το κοτόπουλο και το αφήνουμε στην άκρη. Στο ίδιο λάδι τσιγαρίζουμε τα κρεμμύδια, τις πράσινες πιπεριές, τις ντομάτες και το σκόρδο για περίπου 2-5 λεπτά. Προσθέτουμε το κοτόπουλο και την μπύρα, αφήνουμε να βράσει, χαμηλώνουμε τη φωτιά και αφήνουμε να ψηθεί μέχρι να γίνει το κοτόπουλο και να απορροφηθεί σχεδόν η μπύρα. Μην το αφήνετε να στεγνώσει. Σερβίρουμε με ένα συνοδευτικό ρύζι.

63.Ιππόγλωσσα κουρκούτι μπύρας

Απόδοση: 1 μερίδα

Συστατικό

- δυο κιλά ιππόγλωσσα
- αρκετό μαγειρικό λάδι για να επιτρέψει το βαθύ τηγάνισμα
- 1 φλιτζάνι Αλεύρι
- ένα μπουκάλι μπύρας 12 ουγκιών
- 1 κουταλιά της σούπας πάπρικα
- 1 1/2 κουταλάκι του γλυκού αλάτι

Για αυτό το κουρκούτι, οι καλής ποιότητας, ανοιχτόχρωμες μπύρες λειτουργούν καλύτερα. Η γεύση της μαύρης μπύρας είναι πολύ έντονη.

Κόψτε την ιππόγλωσσα σε κομμάτια πάχους 1 ίντσας. Ζεσταίνουμε λάδι σε μια φριτέζα με βαθιά λιπαρά στους 375 βαθμούς Φ. Φτιάχνουμε το κουρκούτι αναμειγνύοντας τα υπόλοιπα υλικά. Βουτήξτε τη ιππόγλωσσα στο κουρκούτι και ρίξτε τα κομμάτια στο καυτό λάδι μερικές φορές. Μαγειρέψτε τα κομμάτια του ψαριού μέχρι το κουρκούτι να ροδίσει ~ λίγα λεπτά. Το ιππόγλωσσο ψήνεται πολύ εύκολα, οπότε προσπαθήστε να μην το παρακάνετε. Αφαιρέστε τα κομμάτια του ψαριού από το λάδι και στραγγίστε τα σε απορροφητικό χαρτί. σερβίρετε το piping ζεστό με τα αγαπημένα σας συνοδευτικά.

64.Fish and chips σε κουρκούτι μπύρας

Απόδοση: 1 μερίδα

Συστατικό

- 1½ κιλό φιλέτα μπακαλιάρου
- ⅓ φλιτζάνι φρέσκο χυμό λεμονιού
- ½ μεγάλο λευκό κρεμμύδι ψιλοκομμένο
- Αλάτι για γεύση
- Πιπέρι για γεύση
- 6 μέτριες πατάτες

- Φυτικό λάδι

Ζύμη μπύρας

- $\frac{1}{2}$ φλιτζάνι Αλεύρι
- 1 κουταλάκι του γλυκού πάπρικα
- πιπέρι καγιέν
- Ξίδι βύνης (προαιρετικά)

Κόβουμε το ψάρι σε κομμάτια σερβιρίσματος και το βάζουμε σε ένα επίπεδο μπολ. Πασπαλίζουμε το ψάρι με χυμό λεμονιού, το κρεμμύδι, αλάτι & πιπέρι κατά βούληση, μαρινάρουμε για 1 ώρα. Πλένουμε και ξεφλουδίζουμε τις πατάτες. κόβουμε σε λωρίδες και ξεπλένουμε σε κρύο νερό: στραγγίζουμε καλά. Τηγανίζουμε τις πατάτες σε βαθύ λάδι ζεσταμένο στους 375 βαθμούς μέχρι να μαλακώσουν σχεδόν. στραγγίζουμε και απλώνουμε σε απορροφητικό χαρτί. Κοσκινίζουμε μαζί το αλεύρι, 1 κουτ. αλάτι, πιπέρι & καγιέν για γεύση σε επίπεδο πιάτο. ξεσκονίζουμε τα ψάρια σε αλεύρι. Βουτήξτε τα ψάρια σε κουρκούτι μπύρας και τηγανίστε μέχρι να ροδίσουν και να γίνουν τραγανά.

65.Μανιτάρια κουρκούτι μπύρας

Απόδοση: 4 Μερίδες

Συστατικό

- 24 μανιτάρια το καθένα
- 1 κάθε Πακέτο μείγματος ζύμης
- 1 φλιτζάνι Μπύρα

Πλύνετε τα μανιτάρια και κόψτε τα κοτσάνια, αλλά μην αφαιρέσετε εντελώς ολόκληρο το στέλεχος.

Ζεσταίνουμε λάδι σε μια βαθιά φριτέζα, όπως ένα "Fry-Daddy" ή βαθύ τηγάνι με αρκετό λάδι για να καλύψει

Ανακατέψτε το κουρκούτι σύμφωνα με τις οδηγίες της συσκευασίας, εκτός από τη χρήση μπύρας ως υγρή αντί για νερό ή γάλα.

Τις τηγανίζουμε με λίπος μέχρι να ροδίσουν και τις στραγγίζουμε σε απορροφητικό χαρτί.

66. Κατσαρόλα μπύρας πατάτας

Απόδοση: 8 μερίδες

Συστατικό

- 4 μεγάλες πατάτες Russet με φλούδα
- 1 φλιτζάνι Κρεμμύδι σε φέτες
- 1 ½ κουταλάκι του γλυκού Αλάτι
- 1 κουταλάκι του γλυκού σκόρδο αλάτι
- 2 κουταλάκια του γλυκού πάπρικα

- 2 κουταλιές της σούπας αλεύρι για όλες τις χρήσεις
- 2 κουταλάκια του γλυκού Ζάχαρη
- 4 κουταλιές της σούπας Μαργαρίνη
- 1 κιλό ελβετικό τυρί, τριμμένο

Καθαρίζουμε τις πατάτες και τις κόβουμε σε φέτες $\frac{1}{8}$ ίντσας. Στρώνουμε μια βουτυρωμένη κατσαρόλα με $\frac{1}{4}$ πατάτες απλωμένες ομοιόμορφα στο ταψί. Πασπαλίζουμε τις πατάτες με $\frac{1}{4}$ κρεμμυδιών.

Ανακατεύουμε σε ένα μικρό μπολ το αλάτι, το σκόρδο αλάτι, τη ζάχαρη, την πάπρικα και το αλεύρι. Ανακατεύουμε καλά. Πασπαλίστε $2\frac{1}{2}$ κουταλάκια του γλυκού από αυτό το μείγμα ομοιόμορφα στην πρώτη στρώση.

Περάστε με 1 κουταλιά της σούπας βούτυρο κομμένο σε κομμάτια. Συνεχίζουμε τη διαδικασία για 3 ακόμη στρώσεις. Περιχύνουμε με τη μπύρα την κατσαρόλα και από πάνω ρίχνουμε τριμμένο τυρί. Ψήνουμε στους 350 για 1 ώρα.

67. Αγριο ρύζι σε μπύρα

Απόδοση: 4 μερίδες

Συστατικό

- ½ κιλά άγριο ρύζι
- 1 κουτάκι μπύρα (12 oz.)
- 6 φέτες μπέικον
- 1 μικρό κρεμμύδι, ψιλοκομμένο
-
-

1 κονσέρβα Ζωμός βοδινού

1 κονσέρβα κρέμα μανιταρόσουπα

Μουλιάστε το άγριο ρύζι σε μπύρα όλη τη νύχτα. Στο τηγάνι τηγανίζουμε το μπέικον. Αφαιρέστε το μπέικον. Θρυμματίζω. Σοτάρουμε το κρεμμύδι σε 1 έως

2 κουταλιές της σούπας λίπος μπέικον

Συνδυάστε στραγγισμένο ρύζι, ζωμό βοδινού, μανιταρόσουπα, θρυμματισμένο μπέικον και σοταρισμένο κρεμμύδι. Ρίξτε σε βουτυρωμένη κατσαρόλα 2 λίτρων . Κάλυμμα. Ψήνουμε στους 350 βαθμούς για μία ώρα. Αποκαλύπτω. Ψήνουμε για 30 λεπτά.

68. Καβούρια με μαλακό κέλυφος κουρκούτι μπύρας

Απόδοση: 6 μερίδες

Συστατικό

- 12 Καβούρια, μαλακά
- 12 ουγγιές μπύρα? ζεστός
- 1 ¼ φλιτζάνι Αλεύρι
-
-

2 κουταλάκια του γλυκού Αλάτι

1 κουταλάκι του γλυκού πάπρικα

- $\frac{1}{2}$ κουταλάκι του γλυκού Μπέικιν πάουντερ

Ρίξτε μπύρα στο μπολ ανάμειξης. προσθέτουμε το αλεύρι και μετά τα υπόλοιπα υλικά. Ανακατέψτε καλά. Ετοιμάστε το κουρκούτι τουλάχιστον 1 $\frac{1}{2}$ ώρα πριν το χρησιμοποιήσετε γιατί θα πήξει όταν στέκεται. Πασπαλίστε ελαφρά τα καβούρια σε αλεύρι. βουτήξτε μεμονωμένα στο κουρκούτι.

Τηγανίζουμε στους 360 βαθμούς για 2-5 λεπτά ανάλογα με το μέγεθος. Τα καβούρια πρέπει να είναι χρυσοκαφέ. Στραγγίζουμε και σερβίρουμε.

69. Λωρίδες κοτόπουλου για βραδινό κουρκούτι

Απόδοση: 1 μερίδα

Συστατικό

- 1 κουτί (12 ουγκιές) μπύρα
- 2 αυγα
- 1 $\frac{1}{2}$ φλιτζάνι Αλεύρι
- 4 σταγόνες Χρώμα τροφής σε απόχρωση αυγού
-
-

Σάλτσα εμβάπτισης μουστάρδας μελιού

1 κιλό Τρυφερά στήθη κοτόπουλου

- $\frac{1}{4}$ φλιτζάνι μουστάρδα τύπου Dijon
- $\frac{3}{4}$ φλιτζάνι Μέλι
- $\frac{1}{4}$ φλιτζάνι μαγιονέζα

Συνδυάστε την μπύρα, τα αυγά και το αλάτι σε ένα μπολ. Ανακατεύουμε με το αλεύρι, προσθέτοντας επιπλέον αλεύρι αν χρειάζεται. Προσθέστε χρώμα τροφίμων.

Ετοιμάστε τη σάλτσα μουστάρδας μελιού.

Όταν είστε έτοιμοι να μαγειρέψετε, προθερμάνετε $1\frac{1}{2}$ έως 2 ίντσες λάδι σε βαθιά κατσαρόλα ή φριτέζα με λίπος στους 350 βαθμούς. Βγάζουμε το κουρκούτι από το ψυγείο και ανακατεύουμε καλά.

Καλύψτε τις λωρίδες κοτόπουλου σε κουρκούτι και στη συνέχεια ρίξτε απαλά με λάδι με λαβίδες, ώστε οι λωρίδες να επιπλέουν.

70.Wok τηγανητό κοτόπουλο κουρκούτι μπύρας

Απόδοση: 6 μερίδες

Συστατικό

- 3 έως 3 1/2 - λίβρες. κοτόπουλο
- 2 κούπες Αλεύρι
- 2 κουταλάκια του γλυκού Μπέικιν πάουντερ
- 1 κουταλάκι του γλυκού εστραγκόν, τηγανητό
- $\frac{1}{4}$ κουταλάκι του γλυκού ΚΑΘΕ? αλατοπίπερο
-
-

1 αυγό, χτυπημένο

1 12 ουγκιές κονσέρβα μπύρα

Σιγοβράζουμε το κοτόπουλο σε ελαφρώς αλατισμένο νερό για 25 λεπτά.

Δοκιμή γουόκ για σωστή θερμοκρασία με έναν κύβο ψωμί. Θα πρέπει να ροδίσει σε 60 δευτερόλεπτα. Ανακατεύουμε το αλεύρι, το μπέικιν πάουντερ, το εστραγκόν, το αλάτι και το πιπέρι. Προσθέστε χτυπημένο αυγό και μπύρα. Ανακατεύουμε μέχρι να ομογενοποιηθεί η κρέμα. Βουτήξτε το κοτόπουλο σε κουρκούτι μερικά κομμάτια τη φορά. Αφήνουμε να στραγγίξει το περιττό κουρκούτι.

Μαγειρέψτε το κοτόπουλο για 5 με 7 λεπτά, γυρίζοντας μία φορά, μέχρι να ροδίσει καλά. Στραγγίζουμε και διατηρούμε ζεστό.

71.Χοιρινές μπριζόλες σε μαρινάδα μπύρας teriyaki

Απόδοση: 6 Μερίδες

Συστατικό

- ⅔ φλιτζάνι σάλτσα σόγιας
- ¼ φλιτζάνι Mirin
- Ή γλυκό σέρι
- ¼ φλιτζάνι ξίδι μηλίτη
- ⅓ φλιτζάνι Ζάχαρη
- 2 κουταλιές της σούπας φρέσκο gingerroot

-
-
- ⅔ φλιτζάνι μπύρα (όχι σκούρα)

Νευρά ή οσφυϊκή μοίρα πάχους 6 ιντσών

Χοιρινές μπριζόλες

Σε μια κατσαρόλα συνδυάστε τη σάλτσα σόγιας, το mirin, το ξύδι, τη ζάχαρη, τη ρίζα τζίντζερ και την μπύρα, σιγοβράστε το μείγμα μέχρι να μειωθεί σε περίπου 1 ⅓ φλιτζάνια.

Σε ένα ρηχό ταψί αρκετά μεγάλο ώστε να χωράει τις χοιρινές μπριζόλες σε μια στρώση, συνδυάστε τις χοιρινές μπριζόλες και τη μαρινάδα, γυρίζοντας τις μπριζόλες για να καλυφθούν καλά και αφήστε τις μπριζόλες να μαριναριστούν.

Ψήστε τις χοιρινές μπριζόλες σε μια λαδωμένη σχάρα περίπου 4 ίντσες πάνω από λαμπερά κάρβουνα, περιχύνοντάς τες με τη μαρινάδα.

72. Αρνίσια παϊδάκια με σάλτσα μπύρας και μουστάρδας

Απόδοση: 4 Μερίδες

Συστατικό

- 8 παϊδάκια αρνίσια μπριζόλα περίπου 3 ουγγιές το καθένα
- 2 σκελίδες σκόρδο, καθαρισμένες και κομμένες σε εκτάρια
- 1 κουταλάκι του γλυκού Φυτικό λάδι
- Αλάτι και πιπέρι για να γευτείς
- 1 φλιτζάνι ζωμό βοδινού
- 1 μπουκάλι (12 oz) μπύρα

-
-
- 1 κουταλιά της σούπας μελάσα

  1 $\frac{1}{2}$ κουταλιά της σούπας κοκκώδη μουστάρδα

  1 κουταλάκι του γλυκού άμυλο καλαμποκιού

Τρίψτε τις αρνίσιες μπριζόλες με ένα από τα μισά σκόρδο και, στη συνέχεια, αλείψτε τις μπριζόλες ελαφρά με λάδι και αλατοπιπερώστε τις.

Προσθέστε το αρνί σε ένα τηγάνι

Εν τω μεταξύ, ρίξτε ζωμό βοδινού και 1 φλιτζάνι μπύρα στο τηγάνι. ανακατεύουμε με τη μελάσα και το υπόλοιπο σκόρδο. Αφήστε να πάρει μια βράση.

Σε ένα μικρό μπολ, συνδυάστε το καλαμποκάλευρο και την υπόλοιπη μπύρα. Προσθέστε στη σάλτσα στο τηγάνι και χτυπήστε ελαφρά
παχύρρευσε. Συνδυασμός

73.Καλαμάρι κουρκούτι μπύρας

Απόδοση: 4 μερίδες

Συστατικό

- $2\frac{1}{2}$ κιλά Καλαμάρι
- 1 $\frac{1}{2}$ φλιτζάνι αλεύρι σίκαλης
- 1 κουταλιά της σούπας φυστικέλαιο
- Αλάτι και πιπέρι για να γευτείς
- 12 ουγγιές μπύρα

-
-
- 5 ασπράδια αυγών, χτυπημένα σφιχτά αλλά όχι στεγνά

  4 φλιτζάνια Φυτικό λάδι

  2 ματσάκια Σγουρός μαϊντανός

Σε ένα μπολ ανακατεύουμε το αλεύρι, 1 κ.σ. φυστικέλαιο, αλάτι και πιπέρι και χτυπάμε να ενωθούν. Χτυπάμε λίγο τη μπύρα. Διπλώστε προσεκτικά τα ασπράδια. Ζεσταίνουμε λάδι σε μια φρυγανιέρα στους 375 F. βουτάμε τα πλοκάμια καλαμαριού στο κουρκούτι και τηγανίζουμε στο βαθύ λίπος για $2\frac{1}{2}$ λεπτά. Στραγγίζουμε σε απορροφητικό χαρτί. Διατηρούμαι ζεστός. Στεγνώστε πολύ καλά τον μαϊντανό και τον βάζετε στο βαθύ λίπος για 20 δευτερόλεπτα. Στραγγίζουμε σε πετσέτες.

Αραδιάζουμε το δαχτυλίδι του καλαμαριού σε μια μεγάλη πιατέλα και από πάνω τον μαϊντανό.

74.Μοσχάρι κοκκινιστό σε μπύρα σε κατσαρόλα

Απόδοση: 6 μερίδες

Συστατικά:

- 3 κιλά άπαχο μοσχαρίσιο κρέας στιφάδο κομμένο σε κομμάτια
- 1 κουταλάκι του γλυκού Αλάτι
- $\frac{1}{2}$ κουταλάκι του γλυκού πιπέρι
- 2 μέτρια κρεμμύδια, κομμένα σε λεπτές φέτες
- μανιτάρια κονσέρβας 1 8 oz
- κουτί μπύρας 1 12 oz

-
-
- 1 κουταλιά της σούπας ξύδι

  2 κύβοι βοείου κρέατος

  2 κσ ζάχαρη

- 2 σκελίδες σκόρδο, ψιλοκομμένες
- 1 κγ θυμάρι
- 2 φύλλα δάφνης

Βάλτε το μοσχάρι στην κατσαρόλα. Ανακατεύουμε όλα τα υπόλοιπα υλικά και περιχύνουμε με το μοσχάρι. Μαγειρέψτε σε χαμηλή θερμοκρασία για 8-10 ώρες ή σε υψηλή θερμοκρασία για 4-5 ώρες. Πριν το σερβίρετε πήξτε τους χυμούς αν θέλετε. Η Joyce λέει ότι χρησιμοποιεί λίγο αλεύρι ή άμυλο καλαμποκιού για να το κάνει αυτό.

75.Γαρίδες ψητές μπύρας

Απόδοση: 1 μερίδα

Συστατικό

- $\frac{3}{4}$ φλιτζάνι μπύρα
- 3 κουταλιές της σούπας Λάδι
- 2 κουταλιές της σούπας μαϊντανός
- 4 κουταλάκια του γλυκού σάλτσα Worcestershire
- 1 σκελίδα σκόρδο, ψιλοκομμένο αλάτι και πιπέρι
- 2 κιλά Μεγάλες γαρίδες, με κέλυφος

Συνδυάστε μπύρα, λάδι, μαϊντανό, σάλτσα Worcestershire, σκόρδο, αλάτι και πιπέρι. Προσθέτουμε τις γαρίδες, ανακατεύουμε και σκεπάζουμε. Μαρινάρετε για 60 λεπτά.

Στραγγίζουμε, κρατώντας τη μαρινάδα

Τοποθετήστε τις γαρίδες σε καλά λαδωμένη σχάρα κρεατοπαραγωγής. ψήνουμε για 4 λεπτά, 4-5 ίντσες από τη φωτιά. Γυρίστε και βουρτσίστε. ψήνουμε για 2-4 λεπτά ακόμα ή μέχρι να ροδίσουν.

76. Τσίλι μπύρας

Απόδοση: 1 μερίδα

Συστατικό

- 1 κιλό μοσχάρι ή μοσχαρίσιο/χοιρινό κρέας
- $\frac{1}{4}$ φλιτζάνι τσίλι σε σκόνη
- 2 κουταλάκια του γλυκού αλεσμένο κύμινο
- 1 κουταλάκι του γλυκού σκόρδο σε σκόνη
- 1 κουταλάκι του γλυκού Ρίγανη
- 1 κουταλάκι του γλυκού καγιέν ή για γεύση

- 1 κουτάκι (8 oz) σάλτσα ντομάτας
- 1 κουτάκι μπύρα
- $\frac{1}{2}$ κρεμμύδι; σε κύβους

Βράζουμε το κρεμμύδι σε λίγο λάδι μέχρι να γίνει διάφανο σε μέτρια φωτιά, προσθέτουμε το κρέας και δυναμώνουμε τη φωτιά και ροδίζουμε για περίπου δύο λεπτά, χαμηλώνουμε τη φωτιά σε μέτρια και προσθέτουμε τα μπαχαρικά ταυτόχρονα και ανακατεύουμε να πάρουν οι γεύσεις των αποξηραμένων μπαχαρικών, τώρα προσθέτουμε σάλτσα ντομάτας και μαγειρέψτε για λίγα λεπτά αναδεικνύοντας τις γεύσεις της σάλτσας ντομάτας μαγειρεύοντας για λίγα λεπτά.

Τώρα προσθέστε την μπύρα να πάρει μια βράση και αφήστε να σιγοβράσει για περίπου 1 ώρα ή περισσότερο.

77.Σαλάμι μπύρας

Απόδοση: 10 λίβρες

Συστατικό

- 3 λίβρες ψαρονέφρι κορν μοσχάρι, κομμένο σε κύβους
- 7 λίβρες Ζαμπόν, σε κύβους, περιλαμβάνεται λίπος
- 1 $\frac{1}{2}$ κουταλιά της σούπας μαύρο πιπέρι
- 1 κουταλιά της σούπας αλεσμένο μαχλέπι

- 1 ½ κουταλιά της σούπας θρυμματισμένος σπόρος μουστάρδας
- 2 κουταλάκια του γλυκού Σκόρδο, ψιλοκομμένο
- 4 πόδια μεγάλα περιβλήματα βοείου κρέατος

Ξεκινήστε το κάπνισμα στους 80 βαθμούς περίπου και ανεβάστε σταδιακά τη θερμοκρασία στους 160. Αυτό θα διαρκέσει περίπου 4 ώρες. Καπνίστε επιπλέον 2 ώρες.

Ψύξτε βουτώντας σε μια κατσαρόλα με δροσερό (όχι κρύο) νερό για περίπου 5 λεπτά μέχρι να κρυώσει στην αφή. Στεγνώστε καλά το σαλάμι και φυλάξτε το στο ψυγείο.

78.Λουκάνικο ποσέ με μπύρα

Απόδοση: 4 Μερίδες

Συστατικό

- 12 ουγγιές μπύρα
- 1 λουκάνικο Kielbasa, 1 1/4 lbs.
- 1 Φυτικό λάδι
- 1 χυμό από 1 λεμόνι

Προθερμάνετε τη σχάρα. Τοποθετήστε την μπύρα σε ένα τηγάνι αρκετά μεγάλο ώστε να χωράει το λουκάνικο. Ζεσταίνουμε μέχρι βρασμού. μειώστε τη θερμότητα.

Τρυπήστε το λουκάνικο και ρίξτε το απαλά στη μπύρα 4 λεπτά ανά πλευρά. Διοχετεύω.

Εάν χρησιμοποιείτε προεμποτισμένα τσιπς ή κομμάτια ή άλλα αρώματα, πασπαλίστε τα πάνω από το ζεστό κάρβουνο ή το βράχο μιας ψησταριάς αερίου. Αλείψτε ελαφρά το πλέγμα με λάδι. Αλείφουμε ελαφρά το λουκάνικο με λάδι.

Ψήστε σε μέτρια φωτιά για 5 λεπτά ανά πλευρά. Σερβίρετε: χύστε το λουκάνικο στο κέντρο ή κόψτε σε χοντρές φέτες. Ραντίζουμε με χυμό λεμονιού πριν το σερβίρουμε.

79.Ρύζι μπύρας

Απόδοση: 6 Μερίδες

Συστατικό

- $\frac{1}{2}$ φλιτζάνι ψιλοκομμένα κρεμμύδια
- $\frac{1}{2}$ φλιτζάνι πράσινες πιπεριές? ψιλοκομμένο
  - $\frac{1}{2}$ φλ

  Βούτυρο; λειωμένο
- 2 Κύβοι Κύβος μπουγιόν κοτόπουλου
- 2 φλιτζάνια βραστό νερό

- 1 φλιτζάνι ρύζι; άψητος

- $\frac{3}{4}$ φλιτζάνι μπύρα
- $\frac{1}{2}$ κουταλάκι του γλυκού Αλάτι
- $\frac{1}{4}$ κουταλάκι του γλυκού Πιπέρι
- $\frac{1}{4}$ κουταλάκι του γλυκού Θυμάρι Αλεσμένο

Σοτάρουμε με βούτυρο το κρεμμύδι και την πράσινη πιπεριά μέχρι να μαλακώσουν

Διαλύουμε το μπουγιόν σε βραστό νερό. προσθέστε στο μείγμα κρεμμυδιού και πράσινης πιπεριάς.

Προσθέστε την μπύρα και τα καρυκεύματα. Σκεπάζουμε και σιγοβράζουμε σε χαμηλή φωτιά για 30 με 40 λεπτά ή μέχρι να απορροφηθούν όλα τα υγρά.

-
-

80. Πατατοσαλάτα μπύρας

Απόδοση: 8 μερίδες

Συστατικό

- 3 λίβρες πατάτες
- 2 φλιτζάνια σέλινο κομμένο σε κύβους
- 1 μικρό κρεμμύδι, ψιλοκομμένο
- Αλας
- 1 φλιτζάνι Μαγιονέζα

- 2 κουταλιές της σούπας έτοιμη μουστάρδα
- $\frac{1}{4}$ κουταλάκι του γλυκού σάλτσα καυτερής πιπεριάς

  $\frac{1}{2}$ φλιτζάνι μπύρα

  2 κουταλιές της σούπας μαϊντανό ψιλοκομμένο

Η μπύρα που προστίθεται στο dressing κάνει αυτή την πατατοσαλάτα να ξεχωρίζει.

Μαγειρέψτε τις πατάτες σε φλούδες μέχρι να μαλακώσουν. Όταν κρυώσει, ξεφλουδίζουμε και κόβουμε σε κύβους. Προσθέστε το σέλινο και το κρεμμύδι και αλατοπιπερώστε κατά βούληση. Ανακατέψτε τη μαγιονέζα με τη σάλτσα μουστάρδας και καυτερής πιπεριάς. Σταδιακά ανακατεύουμε την μπύρα. Προσθέστε μαϊντανό.

Περιχύνουμε το μείγμα πατάτας. Ανακατεύουμε ελαφρά με το πιρούνι.
Ψύχρα.

-
-

81. Ψαρονέφρι από μοσχαρίσιο κρέας πάνω από άγριο ρύζι

Απόδοση: 8 μερίδες

Συστατικό

- $2\frac{1}{2}$ κιλά φρέσκο μοσχαρίσιο ψαρονέφρι
- 1 κουταλάκι του γλυκού Αλάτι
- $\frac{1}{4}$ κουταλάκι του γλυκού σκόνη σκόρδου
- 1 μπουκάλι (12 oz) μπύρα
- 2 Med. Ντομάτες ώριμες, κομμένες σε φέτες

- $\frac{1}{2}$ φλιτζάνι κρεμμύδι ψιλοκομμένο
- 1 κουταλάκι του γλυκού Πιπέρι

1 μπουκάλι (12 Oz) Σάλτσα τσίλι

Άγριο Ρύζι Αμαντίνη

- Κλαδιά μαϊντανού

Τοποθετήστε το ψαρονέφρι με το λίπος προς τα κάτω, σε βαθύ τηγάνι. Πασπαλίζουμε το ψαρονέφρι με κρεμμύδι, αλάτι, πιπέρι και σκόνη σκόρδου. Ρίχνουμε τη σάλτσα τσίλι πάνω από το ψαρονέφρι. Καλύψτε σφιχτά και ψήστε σε αργό φούρνο (325 βαθμοί F.) για 3 ώρες. Ρίξτε μπύρα πάνω από το ψαρονέφρι.

Τοποθετήστε το ψαρονέφρι σε μεγάλη πιατέλα και περιχύστε το με Wild Rice Amandine. Γαρνίρουμε με ντομάτες σε φέτες και μαϊντανό. Κόβουμε το ψαρονέφρι πολύ λεπτές και σερβίρουμε με ζεστό μαγειρικό υγρό.

-
-

82.Πάπια ψητή μπύρα

Απόδοση: 4 Μερίδες

Συστατικό

- $1\frac{3}{4}$ κουταλιά της σούπας Αλάτι
- $\frac{1}{4}$ κουταλάκι του γλυκού Πιπέρι Σετσουάν
- Πάπια λίρες
- 1 κουτί μπύρα? κάθε είδους, 12-oz

Συνδυάστε το αλάτι και τους κόκκους πιπεριού σε ένα μικρό τηγάνι και φρυγανίστε σε χαμηλή φωτιά για περίπου 5 λεπτά ή μέχρι το αλάτι να ροδίσει ελαφρά και οι κόκκοι πιπεριού να καπνίσουν ελαφρά. Ταραχή.

Αφήστε την πάπια να κρέμεται για 6-8 ώρες ή μέχρι να στεγνώσει το δέρμα. Στρώνουμε ένα ταψί με αλουμινόχαρτο για να αντανακλά τη θερμότητα. Τοποθετήστε το στήθος πάπιας προς τα κάτω και ρίξτε το $\frac{1}{3}$ της μπύρας αργά καθώς το τρίβετε στο δέρμα. Αναποδογυρίστε την πάπια και ρίξτε και τρίψτε την υπόλοιπη μπύρα πάνω από το στήθος, τους μηρούς, τα πόδια και τα φτερά.

Ψήνετε $1\frac{1}{2}$ ώρα στους 400 βαθμούς, μετά 30 λεπτά στους 42 βαθμούς και τέλος άλλες 30 λεπτά στους 450 βαθμούς.

83.Κεφτεδάκια με σάλτσα μπύρας

Απόδοση: 6 Μερίδες

Συστατικό

- 1,00 Αυγό; χτυπημένος
- 1 κουτί Συμπυκνωμένο τυρί τσένταρ
- 1 φλιτζάνι μαλακή ψίχα ψωμιού
- $\frac{1}{4}$ κουταλάκι του γλυκού Αλάτι
- 1 κιλό μοσχαρίσιος κιμάς ή τσακ
- 1 μέτριο κρεμμύδι? κομμένες σε λεπτές φέτες

-
-
- $\frac{1}{2}$ φλιτζάνι μπύρα

  $\frac{1}{2}$ κουταλάκι του γλυκού Ρίγανη? αποξηραμένο, θρυμματισμένο

  Dash Pepper Corns

- Μαγειρεμένα νουντλς ή ρύζι

Σε ένα μικρό μπολ, ανακατέψτε το αυγό και το $\frac{1}{4}$ φλιτζάνι σούπας.
Ανακατεύουμε με ψίχα ψωμιού.

Τοποθετούμε το κρεμμύδι, χωρισμένο σε ροδέλες, σε ένα ταψί 12x7,5x2". Σκεπάζουμε

Συνδυάστε την υπόλοιπη σούπα, τη μπύρα, τη ρίγανη και το πιπέρι.
Περιχύνουμε το μείγμα της σούπας. Ψήνω.

84.Γαρίδες μπύρας με ζυμαρικά από τρίχες αγγέλου

Απόδοση: 1 μερίδα

Συστατικό

- 1 κιλό γαρίδες, φλούδα & αποφλοιωμένη
- 1 μπουκάλι (12 oz.) ελαφριά μπύρα
- 1 φλιτζάνι κρεμμύδι κομμένο κάθετα
- 1 $\frac{1}{2}$ κουταλάκι του γλυκού τριμμένη φλούδα λεμονιού
- $\frac{1}{2}$ κουταλάκι του γλυκού Αλάτι
- $\frac{1}{4}$ κουταλάκι του γλυκού μαύρο πιπέρι
- 1 σκελίδα σκόρδο, ψιλοκομμένη

-
-

  2 κουταλιές της σούπας Εξαιρετικό παρθένο ελαιόλαδο

  2 κουταλιές της σούπας χυμό λεμονιού

- 4 φλιτζάνια ζεστά μαγειρεμένα ζυμαρικά από μαλλιά αγγέλου
- Ψιλοκομμένος φρέσκος μαϊντανός

Βάζουμε την μπύρα να βράσει σε ολλανδικό φούρνο, σε δυνατή φωτιά. Προσθέστε γαρίδες? σκεπάζουμε και μαγειρεύουμε για 2 λεπτά. Αφαιρέστε τις γαρίδες με μια τρυπητή κουτάλα. αφήνουμε στην άκρη και διατηρούμε ζεστό. Προσθέστε το κρεμμύδι και τα επόμενα πέντε υλικά στο τηγάνι. αφήνουμε να πάρει μια βράση.

Μαγειρέψτε, ξεσκέπαστο, 4 λεπτά

Αφαιρέστε από τη φωτιά? προσθέτουμε σταδιακά το λάδι και το χυμό λεμονιού, ανακατεύοντας συνεχώς με ένα σύρμα. Προσθέστε ζυμαρικά? πετάξτε καλά.

85.Γερμανικό ψάρι μπύρας

Απόδοση: 1 μερίδα

Συστατικό

- 1 Κυπρίνος ολόκληρος
- 2 κουταλιές της σούπας Βούτυρο
- 1 μέτριο κρεμμύδι, ψιλοκομμένο
- 1 κοτσάνι σέλινου, ψιλοκομμένο
- $\frac{1}{2}$ κουταλάκι του γλυκού Αλάτι & 6 κόκκους πιπεριού
- 3 ολόκληρα γαρίφαλα
- 4 φέτες λεμόνι

-
-
- 1 φύλλο δάφνης

1 μπουκάλι μπύρα

6 Πιπερόριζα, θρυμματισμένα

- 1 κουταλιά της σούπας ζάχαρη φρέσκος μαϊντανός

Λιώνουμε το βούτυρο σε ένα τηγάνι. Προσθέστε το κρεμμύδι, το σέλινο, το αλάτι, τους κόκκους πιπεριού και το γαρύφαλλο και ανακατέψτε. Από πάνω ρίχνουμε φέτες λεμονιού και τη δάφνη. Τοποθετήστε τα ψάρια από πάνω. Προσθέστε μπύρα. Σκεπάζουμε και σιγοβράζουμε για 15-20 λεπτά,

Βάλτε τα τζίντζερς και τη ζάχαρη στο τηγάνι, ανακατέψτε σε 1-$\frac{1}{2}$ φλιτζάνι στραγγισμένο υγρό.

Γαρνίρουμε το ψάρι με μαϊντανό. Περάστε σαν συνοδευτικό τη σάλτσα για να περιχύνετε με ψάρι και βραστές πατάτες.

86.Γαρίδες σε κουρκούτι μπύρας και σαφράν

Απόδοση: 1 μερίδα

Συστατικό

- 2 κιλά γαρίδες άψητες
- 7 ουγκιές απλό αλεύρι
- 1 πρέζα θαλασσινό αλάτι/πάπρικα
- 12 σκέλη σαφράν. (μουλιασμένο σε ζεστό νερό)
- 16 υγρή ουγγιά Ale
- Ελαιόλαδο για βαθύ τηγάνισμα
- 1 Σε φέτες λεμόνι και αιόλι

Φτιάχνουμε ένα παχύρρευστο κουρκούτι με τη μπύρα, το καρύκευμα και το αλεύρι και το αφήνουμε να ξεκουραστεί για 30 λεπτά. Πρέπει να έχει τη συνοχή μιας λευκής σάλτσας.

Ξεφλουδίστε τις γαρίδες αφήνοντας την ουρά και βυθίστε το ψάρι στο κουρκούτι, τινάζοντας την περίσσεια και τηγανίζετε για 2 λεπτά σε καυτό λάδι και τις στραγγίζετε σε χαρτί κουζίνας.

Σερβίρουμε με φέτες λεμονιού.

87.Cinnamon Beer soup

Απόδοση: 4 μερίδες

Συστατικό

- 1 $\frac{1}{2}$ κουταλιά της σούπας (γεμάτο) αλεύρι
- 50 γραμμάρια βούτυρο (3 1/2 κ.σ.)
- 1 λίτρο Μπύρα
- 1 μικρό Κομμάτι κανέλα
- Ζάχαρη για γεύση

- 2 κρόκοι αυγών
- $\frac{1}{8}$ λίτρο γάλα (1/2 φλιτζάνι συν 1/2 κ.σ.)
- Φρυγανισμένο λευκό γαλλικό ψωμί

Ροδίζουμε το αλεύρι στο βούτυρο και μετά προσθέτουμε την μπύρα. Προσθέτουμε την κανέλα και τη ζάχαρη και αφήνουμε να πάρει μια βράση. Χτυπάμε μαζί τον κρόκο του αυγού και το γάλα και ανακατεύουμε στη ζεστή (αλλά όχι πια βρασμένη) μπύρα. Σουρώνετε και σερβίρετε με φρυγανισμένες φέτες ψωμιού.

88.Γατόψαρο σε μπύρα

Απόδοση: 1 μερίδα

Συστατικό

- 3 κουταλιές της σούπας βούτυρο ή μαργαρίνη
- 5 κάθε σκελίδα σκόρδο, ψιλοκομμένη
- 3 το καθένα Πράσινα κρεμμυδάκια, ψιλοκομμένα
- 2 το καθένα φιλέτα γατόψαρου, μεγάλα
- ⅓ φλιτζάνι Αλεύρι

- 4 το καθένα Μανιτάρια, μεγάλα, κομμένα σε φέτες
- 3 ουγγιές Μπύρα, ελαφριά
- ½ κάθε λεμόνι
- 1 x σάλτσα Worcestershire
- 1 x ρύζι, λευκό

Ροδίζουμε το ψιλοκομμένο σκόρδο και το κρεμμύδι σε βούτυρο, ζεστά

Αλευρώνουμε ελαφρά το γατόψαρο, το προσθέτουμε στο τηγάνι με τα μανιτάρια. Ρίξτε μπύρα και περιποιηθείτε τα φιλέτα με χυμό μισού λεμονιού. Προσθέστε μερικές σταγόνες Worcestershire. Σοτάρουμε σε μέτρια φωτιά, γυρίζοντας, μέχρι να ροδίσουν και από τις δύο πλευρές

Σερβίρουμε σε ζεστά πιάτα με ρύζι. Χρησιμοποιήστε τηγάνι πάνω από το ρύζι.

89.Beer up the butt chicken

Απόδοση: 1 μερίδα

Συστατικό

- Ολόκληρο κοτόπουλο
- Καρύκευμα
- Ξηρό τρίψιμο

Πάρε ένα κοτόπουλο. Τρίψτε με αγαπημένα μπαχαρικά συμπεριλαμβανομένων
Πάπρικα και αλάτι

Πάρτε ένα κουτάκι μπύρας 16 oz. Πιείτε περίπου το $\frac{1}{2}$ της μπύρας.

Βάλτε το κοτόπουλο στην κονσέρβα. Στέκεται κοτόπουλο στη σχάρα.

Καπνίζετε στους 275 περίπου, μέχρι να γυρίσουν εύκολα τα μπαστούνια. Συνήθως περίπου 5 ή 6 ώρες

90.Καρότα σε μπύρα

Απόδοση: 4 μερίδες

Συστατικό

- 4 καρότα το καθένα. μεγάλο
- 1 κουταλιά της σούπας Βούτυρο
- 1 φλιτζάνι μαύρη μπύρα? οποιαδήποτε μάρκα
- ¼ κουταλάκι του γλυκού Αλάτι

- 1 κουταλάκι του γλυκού Ζάχαρη

Καθαρίζουμε και κόβουμε τα καρότα σε μακριές, λεπτές φέτες. Λιώστε το βούτυρο σε τηγάνι μεσαίου μεγέθους. προσθέστε μπύρα και καρότα.

Μαγειρέψτε αργά μέχρι να μαλακώσει, ανακατεύοντας συχνά. Προσθέστε αλάτι και ζάχαρη. Μαγειρέψτε για άλλα 2 λεπτά και σερβίρετε ζεστό.

91. Μπέργκερ μπύρας στο φούρνο

Απόδοση: 6 μερίδες

Συστατικό

- 2 κιλά μοσχαρίσιος κιμάς
- Dash Pepper
- 1 κουταλάκι του γλυκού σάλτσα ταμπάσκο
- 1 σκελίδα σκόρδο, λιωμένη
- ⅓ φλιτζάνι σάλτσα τσίλι

- ½ πακέτο Μίγμα σούπας ξηρού κρεμμυδιού
- ½ φλιτζάνι μπύρα

Προθερμάνετε το φούρνο στους 400'F.

Συνδυάστε το κρέας, την πιπεριά, τη σάλτσα Tabasco, το σκόρδο, τη σάλτσα τσίλι, το ξηρό μείγμα σούπας κρεμμυδιού και ¼ φλιτζάνι μπύρα. Πλάθουμε σε 6 μπιφτέκια.

Ψήνουμε στους 400'F μέχρι να ροδίσουν, περίπου 10 λεπτά. Αλείφουμε με το υπόλοιπο ¼ φλιτζάνι της μπύρας.

Συνεχίζουμε το ψήσιμο για άλλα 10-15 λεπτά, μέχρι να γίνει καλά.

92.Σάντουιτς ψητού μπύρας

Απόδοση: 3 μερίδες

Συστατικό

- 4 κιλά ψητό μοσχαρίσιο κρέας χωρίς κόκαλα
- 1 μικρό μπουκάλι catsup
- 1 κουτάκι μπύρα
- Αλάτι για γεύση
- Πιπέρι για γεύση

- Σκόρδο για γεύση

Τοποθετήστε το ψητό σε ένα ποτήρι ή εμαγιέ ψήστη. Πασπαλίζουμε με καρυκεύματα. Ρίξτε μπύρα και catsup. Σκεπάζουμε και βάζουμε σε φούρνο στους 350 βαθμούς για 1 ώρα ή περισσότερο, μέχρι να μαλακώσουν.

Κόβουμε σε λεπτές φέτες πάνω σε ένα ζεστό ψωμάκι για σάντουιτς, με τη σάλτσα του κουταλιού πάνω από το κρέας. Σερβίρετε ζεστό.

ΣΟΥΠΕΣ & ΣΤΡΕΒΑΤΕΣ

93.Κρέμα σούπας μπύρας

Απόδοση: 4 μερίδες

Συστατικό

- 12 ουγγιές μπουκάλια μπύρας (1 σκούρο και 2 ανοιχτόχρωμο)
- 1 κουταλιά της σούπας Ζάχαρη
- ½ κουταλάκι του γλυκού λευκό πιπέρι
-
-

-
- $\frac{1}{4}$ κουταλάκι του γλυκού Κάθε κανέλα και αλάτι

  $\frac{1}{8}$ κουταλάκι του γλυκού μοσχοκάρυδο

  3 αυγά χωρισμένα

  $\frac{1}{2}$ φλιτζάνι βαριά κρέμα

Ρίχνουμε τη μπύρα σε μια κατσαρόλα, ανακατεύουμε τη ζάχαρη και τα μπαχαρικά και αφήνουμε να πάρει μια βράση. Χτυπάμε τους κρόκους στην κρέμα, προσθέτουμε λίγη ζεστή μπύρα στο μείγμα, χτυπάμε καλά και ξαναρίχνουμε το μείγμα στην υπόλοιπη μπύρα, χτυπώντας συνεχώς με ένα σύρμα σε πολύ χαμηλή φωτιά για να μην πήξει. Βάζουμε στο ψυγείο μέχρι να κρυώσει.

Όταν είναι έτοιμο να σερβίρουμε, χτυπάμε τα ασπράδια μέχρι να σφίξουν αλλά όχι να στεγνώσουν και τα διπλώνουμε στη σούπα.

94.Σούπα μπύρας με κρεμμύδι και σκόρδο

Απόδοση: 1 μερίδα

Συστατικό

- 4 κιλά κρεμμύδια? (περίπου 10), σε φέτες
- 4 μεγάλες σκελίδες σκόρδο? κιμάς
- 2 κουταλιές της σούπας ελαιόλαδο
- Ένα (12 ουγκιές) μπουκάλι μπύρα (όχι σκούρα)
-
-

-

  5 $\frac{1}{4}$ φλιτζάνι ζωμός βοδινού

  2 κουταλιές της σούπας Ζάχαρη

2 κουταλιές της σούπας ανάλατο βούτυρο

4 φέτες ψωμί σίκαλης μιας ημέρας. κρούστες

⇨⇙⇳↑➚⋒⇙⇙⇩ ● Φρεσκοτριμμένη παρμεζάνα

Σε μια βαριά κατσαρόλα βράζουμε τα κρεμμύδια και το σκόρδο στο λάδι σε μέτρια φωτιά, ανακατεύοντας κατά διαστήματα, μέχρι να ροδίσει το μείγμα.

Ανακατέψτε τη μπύρα και το ζωμό. Σιγοβράζουμε το μείγμα, σκεπασμένο, για 45 λεπτά, και προσθέτουμε τη ζάχαρη και αλατοπίπερο κατά βούληση. Όσο η σούπα σιγοβράζει, σε ένα βαρύ τηγάνι λιώνουμε το βούτυρο σε μέτρια φωτιά, προσθέτουμε τους κύβους του ψωμιού και τα μαγειρεύουμε ανακατεύοντας μέχρι να ροδίσουν.

Μοιράζουμε τη σούπα σε 6 μπολ και από πάνω την παρμεζάνα και τα κρουτόν.

●

●

-
-

95. Bacon 'n cheddar beer soup

Απόδοση: 33 μερίδες

Συστατικό

- 6 ουγγιές Φυτικό λάδι
- $1\frac{1}{2}$ κιλό κρεμμύδια? χοντροκομμένα
- $1\frac{1}{4}$ κιλό πατάτες? σε κύβους
- 1 κιλό καρότα? σε κύβους
- 1 κιλό σέλινο? κομμένο φέτες

1 κονσέρβα Bacon 'n Cheddar Cheese Sauce

2 φλιτζάνια Μπύρα

1 λίτρο ζωμός κοτόπουλου

$1\frac{1}{4}$ κιλό ανάμεικτα λαχανικά. παγωμένος

- $\frac{1}{2}$ κουταλάκι του γλυκού πάπρικα
- $\frac{1}{2}$ κουταλάκι του γλυκού λευκό πιπέρι
- $\frac{1}{4}$ κουταλάκι του γλυκού άρωμα Liquid Smoke
- 2 κουταλιές της σούπας μαϊντανός? ψιλοκομμένο

Τοποθετήστε το φυτικό λάδι σε μεγάλη κατσαρόλα. Προσθέστε κρεμμύδια, πατάτες, καρότα και σέλινο. σοτάρουμε 25-30 λεπτά ή μέχρι να ψηθούν τα λαχανικά.

Προσθέστε τα υπόλοιπα υλικά. Συνδυάστε καλά. Σιγοβράζουμε για 20 λεπτά σε χαμηλή φωτιά, ανακατεύοντας κατά διαστήματα. Σερβίρετε ζεστό.

-
-

96. Βαυαρική κρεμμυδόσουπα μπύρας

Απόδοση: 6 Μερίδες

Συστατικό

- 1 φύλλο δάφνης
- ½ κουταλάκι ξερό βασιλικό/ θυμάρι/ ρίγανη
- ½ κουταλάκι του γλυκού μαραθόσπορος
- ½ κουταλάκι του γλυκού αλεσμένο μοσχοκάρυδο
- ¼ φλιτζάνι κόκκοι μαύρου πιπεριού

-
-
  5 κρεμμύδια? σε φέτες πάχους 1/4".

  1 κουταλάκι του γλυκού σκόρδο; συνθλίβονται

  3 κουταλιές της σούπας Βούτυρο

  1 ½ φλιτζάνι μπύρα Pilsner

- ½ κουταλιά της σούπας καρύκευμα Maggi
- 4 κουταλιές της σούπας

Συνδυάστε τη δάφνη, τον βασιλικό, το θυμάρι, τη ρίγανη, τον μαραθόσπορο, το μοσχοκάρυδο και τους κόκκους πιπεριού σε ένα κομμάτι τυρί και δέστε το με ένα κορδόνι.

Σοτάρουμε με βούτυρο τα κρεμμύδια και το σκόρδο μέχρι να ροδίσουν

Μεταφέρουμε σε κατσαρόλα και προσθέτουμε το νερό και την μπύρα. Αφήστε να πάρει μια βράση. Προσθέστε το φακελάκι με μπαχαρικά, το Maggi Seasoning και τη βάση του βοείου κρέατος.

Σιγοβράζουμε για 30 λεπτά

-
-

97. Βελγική μπύρα στιφάδο

Απόδοση: 1 μερίδα

Συστατικό

- 3 λίβρες τσακ ψητό
- 1 Καπνιστό ζαμπόν
- ½ φλιτζάνι Λάδι
- 1 μεγάλο κρεμμύδι? κομμένο σε λεπτές φέτες
- 3 κουταλιές της σούπας Αλεύρι
- Μπύρα

-
-

1 φλιτζάνι ζωμός βοδινού

$\frac{1}{2}$ κουταλάκι του γλυκού μαύρο πιπέρι

2 κουταλάκια του γλυκού Ζάχαρη

2 κουταλιές της σούπας νιφάδες μαϊντανού

- 1 πρέζα Μαντζουράνα & 1 πρέζα Θυμάρι
- 1 σκελίδα σκόρδο? ψιλοκομμένο
- 4 καρότα? κομμένο σε κομμάτια 1".
- $\frac{3}{4}$ φλιτζάνι Καρύδια
- 2 κουταλιές της σούπας ξύδι από κόκκινο κρασί
- 2 κουταλιές της σούπας σκωτσέζικο ουίσκι

Μοσχαρίσιο κρέας και ζαμπόν σε λάδι σε μεγάλο τηγάνι

Κοσκινίζουμε το αλεύρι σε λάδι μέχρι να ροδίσει. Προσθέστε σταδιακά το μοσχάρι

-
-

Προσθέστε άλλα συστατικά. Σκεπάζουμε και μαγειρεύουμε για 2 ½ ώρες

98.Σούπα με τυρί μπύρα με μπρόκολο

Απόδοση: 10 Μερίδες

Συστατικό

- 4 φλιτζάνια Νερό
- 1 κρεμμύδι, μικρό? ψιλοκομμένο
- 1 κιλό μπρόκολο, φρέσκο

-
-
- 1 ουγγιά Bouillon, βοδινό κρέας; κόκκους
- $\frac{3}{4}$ φλιτζάνι Μαργαρίνη

  1 $\frac{1}{2}$ φλιτζάνι Αλεύρι

  $\frac{1}{4}$ κουταλάκι του γλυκού σκόνη σκόρδου

  $\frac{1}{4}$ κουταλάκι του γλυκού Πιπέρι, λευκό

  Κόκκινο πιπέρι; να δοκιμάσω
- 2 λίβρες Cheddar? κόκκος αρωματικός
- 4 φλιτζάνια Γάλα
- 2 ουγγιές μπύρα

Βάζετε το νερό και το κρεμμύδι να βράσουν σε μια μεγάλη κατσαρόλα. Προσθέστε καρυκεύματα και το μισό μπρόκολο. Αφήνουμε πάλι να πάρει μια βράση. Προσθέστε τη βάση της σούπας και χαμηλώστε τη φωτιά. Σε ξεχωριστή κατσαρόλα φτιάχνουμε ένα ρου.

Όταν το roux πήξει, ανακατεύετε σταδιακά στη σούπα, χτυπώντας με ένα σύρμα για να αποφύγετε τους σβόλους. Ζεσταίνουμε το γάλα και το τυρί

•

•

λίγο κάτω από το σημείο βρασμού μέχρι να λιώσει το τυρί, ανακατεύοντας συνεχώς.

Ανακατεύουμε στη σούπα και προσθέτουμε το υπόλοιπο μπρόκολο.

Λίγο πριν το σερβίρισμα, προσθέστε μπύρα. Ανακατέψτε καλά.

99. Seashore beer soup

Απόδοση: 6 μερίδες

Συστατικό

-
-
- 1 φλιτζάνι σούπα ντομάτας συμπυκνωμένη
- 1 φλιτζάνι συμπυκνωμένη σούπα αρακά
- 12 ουγγιές Great Western Beer
- $\frac{1}{4}$ κουταλάκι του γλυκού σκόρδο αλάτι
- 1 φλιτζάνι μικροσκοπικές γαρίδες

- 1 φλιτζάνι Μισό μισό ή κρέμα

Τοποθετήστε τις συμπυκνωμένες σούπες σε μια κατσαρόλα. ανακατεύουμε με μπύρα.
Προσθέστε σκόρδο αλάτι.

Ζεσταίνουμε μέχρι να σιγοβράσει, ανακατεύοντας μέχρι να ομογενοποιηθεί

Σιγοβράζουμε 3 με 4 λεπτά.

Λίγο πριν το σερβίρετε, προσθέτετε τις γαρίδες που δεν έχουν στραγγίξει και τις μισές μισές. Ζεσταίνουμε σε θερμοκρασία σερβιρίσματος. μην βράζετε.

100. Biersuppe (σούπα μπύρας) & buttermilchsuppe

Απόδοση: 1 συνταγή

Συστατικό

- 2 φλιτζάνια Γλυκό γάλα
- 2 κουταλάκια του γλυκού άμυλο καλαμποκιού
- ½ φλιτζάνι Ζάχαρη
- 3 κρόκοι αυγών
- 3 ασπράδια αυγών

- 2 φλιτζάνια Μπύρα

Ζεματισμένο γάλα. Ανακατεύουμε το άμυλο καλαμποκιού και τη ζάχαρη, προσθέτουμε τους κρόκους αβγών χτυπημένους και ανακατεύουμε καλά πριν το ανακατέψουμε αργά στο γάλα.

Σε ξεχωριστό τηγάνι ζεματίζουμε την μπύρα. Συνδυάστε με το μείγμα γάλακτος. Στα χτυπημένα ασπράδια προσθέστε 1 κουταλιά της σούπας ζάχαρη και σωρό κουταλιές της σούπας πάνω από τη σούπα.

ΣΥΜΠΕΡΑΣΜΑ

Τα πλεονεκτήματα του μαγειρέματος και του εμποτισμού με μπύρα εκτείνονται πολύ πέρα από το να ανοίγει ένα κρύο μετά από μια κουραστική μέρα. Τα παρασκευάσματα όλων των αποχρώσεων μπορούν να χρησιμοποιηθούν και στη μαγειρική...

Αξίζει πολύ να αφιερώσετε χρόνο και προσπάθεια για να συνδυάσετε την μπύρα με το φαγητό. Η ίδια αρχή ισχύει όταν χρησιμοποιείτε κρασί για να προσθέσετε σώμα και γεύση στα πιάτα, και η μπύρα είναι (συνήθως) φθηνότερη από το vino. Καθώς η μπύρα είναι τόσο περίπλοκη, θα πρέπει να χρησιμοποιείτε διαφορετικές αποχρώσεις και στυλ για τις κατάλληλες συνταγές και αυτό το βιβλίο σας έχει εφοδιάσει με ιδέες για να ξεκινήσετε!

CPSIA information can be obtained
at www.ICGtesting.com
Printed in the USA
LVHW081919220223
740172LV00011B/865

9 781783 571611